LES ANCÊTRES

D'ATTILA

ÉTUDE HISTORIQUE

SUR LES RACES SCYTHIQUES

PAR

A. FÖLDVÁRY

On doit respect aux vivants; on
ne doit aux morts que la vérité.
— VOLTAIRE.

—o§o§o—

PARIS

SANDOZ ET FISCHBACHER ÉDITEURS

33, RUE DE SEINE ET RUE DES SAINTS-PÈRES, 33

1875

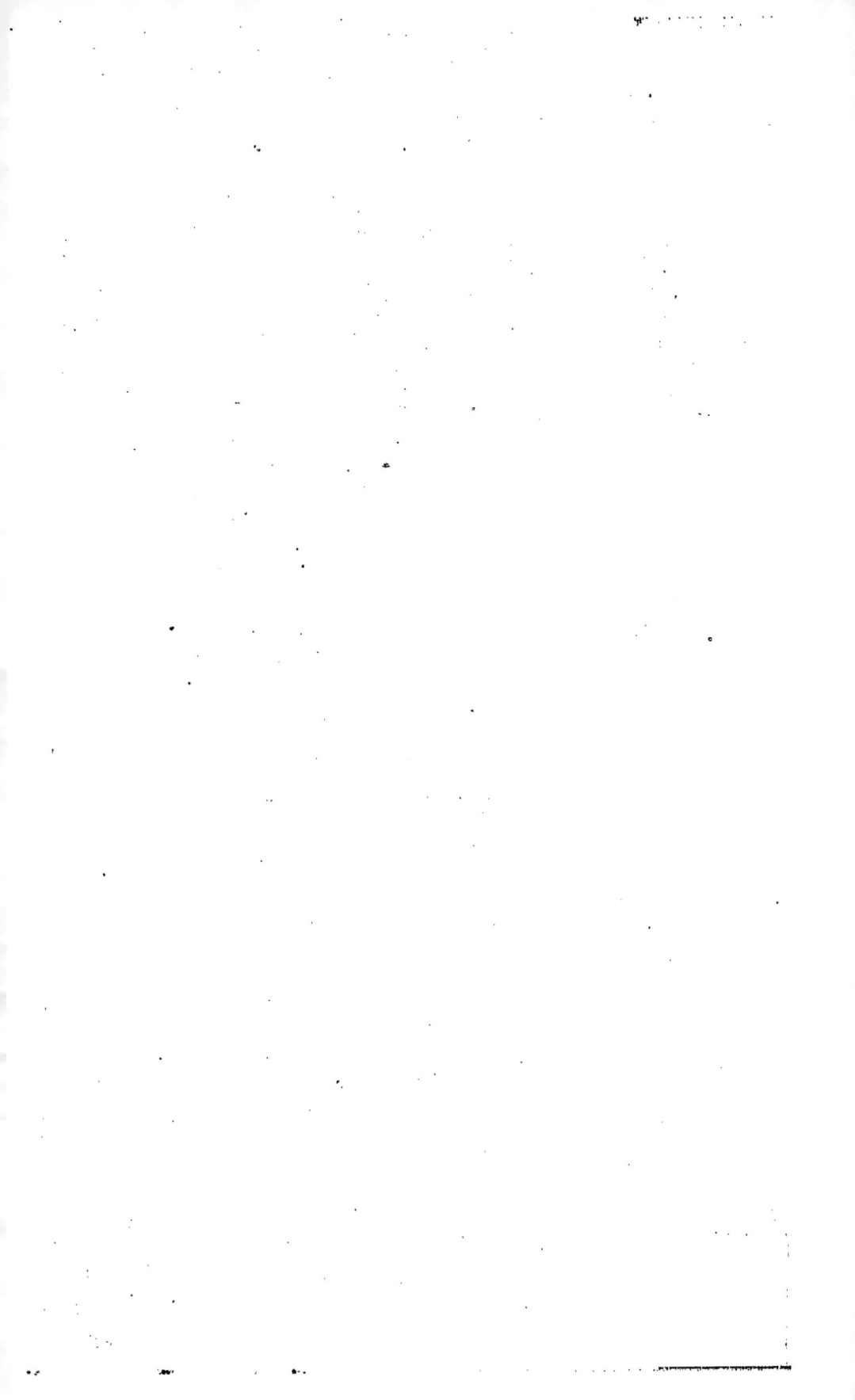

LES ANCÊTRES D'ATTILA

PARIS. — TYPOGRAPHIE DE CH. MEYRUEIS

13, RUE CUJAS. — 6711

LES ANCÊTRES
D'ATTILA

ÉTUDE HISTORIQUE

SUR LES RACES SCYTHIQUES

PAR

A. FÖLDVÁRY

On doit respect aux vivants; on
ne doit aux morts que la vérité.

VOLTAIRE

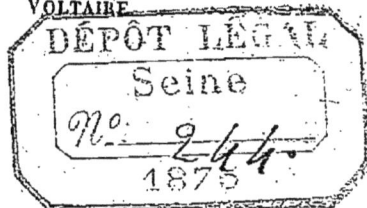

—o•o§o•o—

PARIS
SANDOZ ET FISCHBACHER ÉDITEURS
33, RUE DE SEINE ET RUE DES SAINTS-PÈRES, 33

1875

C

« Les Hongrois, depuis que la littérature s'est introduite parmi eux, ont recherché les anciens monuments de leur histoire avec une ardeur de curiosité patriotique qui mérite des éloges. »

Guizot, *Histoire de la décadence de l'Empire romain*.

Il y a déjà longtemps que le peuple hongrois cherche à connaître l'origine de ses ancêtres; car, jusqu'à ce que ce problème ait été résolu, il nous manquera toujours l'exorde de notre histoire; nous ressemblons aux pyramides d'Egypte, dont on regarde le sommet tandis que la base est ensevelie dans le sable.

Il nous importe, en effet, à nous, Hongrois, de connaître notre origine pour cette raison même, qu'ici, au milieu de l'Europe, sur les bords du Danube, entourés des peuples indo-

1

germaniques, nous cherchons vainement des parents qui puissent nous comprendre, ou nous dire de quel endroit sont partis nos ancêtres et comment ils sont venus en Hongrie.

Néanmoins, l'opinion publique se complaît dans l'espoir qu'ici ou là dans un coin quelconque de l'Asie nous avons encore des parents : seulement il faut les y découvrir.

Est-ce un pressentiment, est-ce un désir qui nous fait supposer l'existence de nos compatriotes hors du pays? Ou avons-nous des preuves irrécusables, des documents sérieux pour nous confirmer dans cette opinion? Je n'ose ni le contester, ni l'affirmer. Deux questions se posent ici :

Je me suis dit souvent : « Il y a encore des Hongrois au fond de l'Asie; je suis convaincu qu'il est resté, ici ou là, quelques traces du passage de nos ancêtres; mais où sont-elles? »

Ou je dis ceci : « Il n'y a pas, il ne peut pas exister de Hongrois hors de notre pays; car il n'y a guère un point de notre globe que les voyageurs anciens ou modernes n'aient parcouru depuis longtemps; jusqu'à présent, on n'a trouvé nulle part un peuple ayant quelques traits de ressemblance avec les *Hongrois*. »

Une masse aussi considérable d'hommes que celle de nos ancêtres ne pouvait pas sortir de terre comme, dans l'ancien temps, Minerve sortit du cerveau de Jupiter. Il se passe beaucoup de temps avant qu'une famille se soit multipliée au point de former une tribu, parlant la même langue, ayant les mêmes usages, les mêmes habitudes; avant qu'elle se soit développée au point de devenir un peuple belliqueux et souvent même conquérant.

Il est vrai qu'à ce raisonnement nous pouvons répondre : « Que nos ancêtres étaient des nomades qui changeaient souvent d'habitation à la manière des oiseaux de passage, qu'ils traversaient des pays immenses, qu'ils ne pouvaient pas laisser à la postérité des monuments durables, capables de conserver leur souvenir. »

En effet, ils cherchaient souvent de nouveaux

pâturages pour leurs troupeaux : mais, l'expérience nous a prouvé que l'inondation laisse des traces derrière elle ; l'oiseau de passage, lorsqu'il quitte un pays pour se transporter sous un climat plus chaud, a laissé son nid derrière lui. Les feuilles qui l'ont protégé contre les pluies d'automne sont déjà tombées ; les tempêtes d'hiver qui l'ont souvent balancé ne l'ont pas toujours laissé intact : mais, malgré toutes ces secousses, le nid de l'oiseau reste toujours sur le haut du peuplier pour montrer aux passants qu'un être vivant y avait choisi son domicile.

A plus forte raison, ne doit-on pas supposer que nos ancêtres aient pu quitter sans aucune raison le pays où ils étaient nés, où ils avaient vécu, où devaient rester les tombeaux de leurs pères, auxquels ils tenaient tant, sans laisser aucun vestige ou sur la terre qui les avait nourris, ou parmi les peuples dont ils ont traversé le pays.

Ainsi, il est certain que nous, Hongrois, ne

connaissons pas l'origine de nos ancêtres; si ce problème n'est pas encore résolu la raison en est que jusqu'ici nous n'avons pas cherché là où nous aurions pu en trouver la solution.

Loin de moi l'idée de vouloir accuser mes compatriotes d'indifférence ou d'inertie pour avoir négligé ce point essentiel de notre histoire nationale.

De temps en temps, la Hongrie a trouvé parmi ses enfants des voyageurs courageux, infatigables, qui se sont donné la tâche ingrate de découvrir la contrée occupée autrefois par nos aïeux. Il n'y a pas longtemps que M. Vambéry est de retour de Khiva, et déjà, un autre le remplace à Asztrakhan pour se frayer passage dans une autre direction. Et la nation entière les accompagne de ses vœux, les encourage moralement et matériellement dans leur voyage périlleux; elle les suit à travers les steppes de l'Asie.

Quel a été jusqu'ici le résultat de leur voyage? Leurs recherches ont-elles été cou-

ronnées de succès? Je n'ai pas l'intention de
m'en occuper.

L'histoire des anciens peuples est une mine
d'or qui est loin d'être épuisée. Ici, plusieurs
peuvent travailler à la fois sans se faire tort;
sur ce terrain chacun peut glaner à son gré et
même après avoir glané il en reste toujours
pour d'autres.

Comme il est bien naturel que tout le monde
ait le droit d'y puiser, il s'en suit que c'est aussi
un devoir patriotique pour chaque ouvrier de
faire connaître le fruit de ses découvertes : afin
que les autres qui travailleront à la même tâche soient encouragés par son exemple, et
qu'ils sachent ce qui reste encore à faire.

L'origine de nos ancêtres se perd dans la
nuit des siècles. Elle ressemble à ce grand
fleuve qui vient de loin, traverse des pays
inconnus et dans son cours se divise en plusieurs branches; on découvre de loin la vaste
étendue de son lit, mais de hautes montagnes,
ou des marais infranchissables qui l'environ-

nent, nous empêchent d'approcher de ses rives.

Quoique nous ne manquions pas de documents précieux qui nous aident à suivre nos ancêtres dans leurs pérégrinations, chaque étape de leurs migrations successives a sa légende marquée dans l'histoire des différentes nations avec lesquelles ils furent en contact. Mais, jusqu'ici, tout ce que nous possédons d'eux ressemble aux derniers rayons du soleil couchant qui éclairent les ruines d'un ancien monument célèbre.

Je demande maintenant si, en voyant ces colonnades majestueuses et ces anciens murs encore debout, ces monceaux de décombres que le voyageur contemple avec admiration et recueillement, à Palmyre, à Balbeck ou à Rome, il est aisé de reconstruire la maison royale de Salomon ou le majestueux palais des Césars romains ?

Et cependant, malgré toutes les difficultés qu'on rencontre lorsqu'on étudie l'histoire ou qu'on cherche à découvrir l'origine des anciens peuples, on se tromperait grandement si l'on croyait que ce que l'on n'a pas découvert jusqu'ici doit nous enlever l'idée de faire d'autres recherches.

Heureusement, dans notre siècle, le monde savant a fait un progrès immense dans l'étude de l'histoire des anciens peuples.

Il y a seulement un demi-siècle on ne connaissait guère de l'ancien monde que les Romains et les Grecs. Dans les écoles, tout ce qu'on nous a enseigné des anciens peuples s'était borné à l'histoire de la Grèce et de Rome ; nos musées d'antiquités, et il y en avait bien peu, renfermaient quelques vieilles cottes de mailles, des casques ou des cuirasses d'acier de quelque chevalier errant ou d'un pèlerin de grand nom revenu de la Terre sainte. Ainsi habitué à voir dans ces deux grands peuples les représentants de la civilisation antique, on consentait sans peine à ignorer ce qui s'était passé en dehors de la Grèce et de l'Italie. Il était à peu près convenu qu'on n'entrait dans le domaine de l'histoire positive que lorsqu'on avait mis le pied sur le sol de l'Europe.

On savait cependant que dans cette immense contrée qui s'étend entre le Nil et l'Indus il y avait eu de grands centres de civilisation, des monarchies embrassant de vastes territoires, une population nombreuse, des capitales plus étendues que nos capitales modernes de l'Occident, des palais aussi somptueux que ceux de nos rois.

En effet, dans l'enfance, n'avons-nous pas appris à connaître la grandeur de Ninive dans l'émouvante histoire de Jonas, la splendeur de Babylone avec son jardin suspendu, la noble cité de Thèbes avec ses cent portes?

Mais, cette grandeur apparaissait à travers des ruines où dans les récits incomplets des historiens grecs et dans quelques passages de la Bible. Et comme tout ce qui vient de l'Orient est entouré de mystère ou d'une enveloppe fabuleuse, on était naturellement disposé à *croire*

1.

que la fiction occupait une grande place dans les récits de la Bible et dans les pages d'Hérodote.

Aujourd'hui, le cercle de nos connaissances est plus agrandi. Dans toutes ces branches, la science des antiquités a fait un progrès et ses conquêtes ont renouvelé la face de l'histoire.

C'est par l'Egypte qu'ont été commencées ces découvertes sur les origines de la civilisation antique.

Bonaparte, chargé de l'expédition d'Egypte, s'attacha une société de savants; il distribua la part à chacun d'eux : les uns devaient s'occuper de faire une description exacte du pays et dresser la carte la plus détaillée ; les autres devaient en étudier les ruines et fournir de nouvelles lumières à l'histoire universelle.

Ainsi, tandis que lui-même à la tête de sa vaillante armée chargeait les Mameluks sur les bords du Nil, au pied des pyramides, les savants fouillaient les ruines des temples, des palais, des labyrinthes; copiaient les inscrip-

tions secrètes et transportaient en France les
trésors de l'antiquité.

Cette époque est le point de départ de toutes
les études sérieuses relatives à la science des
antiquités. A partir de ce moment les philolo-
gues, les archéologues, ont les yeux tournés
vers l'Orient pour découvrir l'ancien monde; ils
commencent à étudier avec une ardeur fiévreuse
les langues orientales; les voyageurs partent de
tous les points pour fouiller les ruines. Et la
France, au sommet de sa gloire ou accablée de
ses revers, reste un foyer permanent où tous
les rayons se concentrent, d'où jaillira bientôt
cette lumière qui illuminera le vieux monde de
sa clarté.

Le monde savant fut étonné d'apprendre
qu'on avait découvert la signification énigma-
tique des hiéroglyphes; que la main de Cham-
pollion avait déchiré le voile qui cachait aux
yeux la mystérieuse Egypte. Alors, les momies
se dressent dans leurs cercueils, les tombeaux
s'ouvrent et le grand maître des hiéroglyphes

arrache les linceuls dont ils étaient enveloppés, les apostrophe dans leur langue mystérieuse et leur fait raconter leur passé. Dans toute l'étendue de la vallée du Nil, les monuments ont été interrogés et ils nous ont raconté les actions des rois qui gouvernèrent l'Egypte depuis les temps les plus reculés. La science a pénétré dans ces sombres nécropoles où dormaient les Pharaons depuis des milliers d'années.

On pouvait croire que les derniers vestiges de la grande civilisation de la Mésopotamie avaient péri pour toujours quand la pioche des ouvriers de MM. Botta, Layard et Loftus rendit à la lumière les majestueuses sculptures de Babylone et de Ninive, qu'on peut admirer aujourd'hui au Louvre et au Musée britannique.

Aujourd'hui, nous pouvons nous arrêter au Louvre et admirer dans les bas-reliefs de leurs palais ces rois superbes qui s'appelaient Nabuchodonosor, Salmanassar, Sennachérib, Sardanapale; ils se disaient rois des rois, maîtres du monde, et emmenaient des nations entières en captivité. Voilà ces figures qui nous apparaissent si terribles dans les récits enflammés des prophètes hébreux. On a retrouvé ces portes où, suivant l'expression de l'un d'eux, les peuples passaient comme des fleuves.

Les travaux de génie de sir Henry Rawlinson, du docteur Hinks et de M. Jules Oppert, ont donné la clef du système graphique des bords de l'Euphrate et du Tigre. On lit maintenant, d'après les principes certains, les annales des rois d'Assyrie et de ceux de Babylone gravées sur le marbre ou tracées sur l'argile pour l'instruction de la postérité. On lit le récit qu'ils ont eux-mêmes donné de leurs campagnes, de leurs conquêtes, de leurs cruautés.

En un mot, l'écriture sacrée de Ninive et de Babylone a été forcée de livrer ses secrets après celle de l'Egypte; et il n'est pas de mystère philologique qui puisse résister aux méthodes de la science moderne.

« Le même souffle divin qui a aidé à la

création d'une pensée oubliée, inspire aussi celui qui veut la retrouver. »

C'est ainsi que le monde savant est arrivé lentement et avec beaucoup de persévérance, à connaître l'antiquité. Aujourd'hui, nous connaissons les vieux peuples, tels que les Egyptiens, les Assyriens, les Chaldéens, les Mèdes et les Perses; seulement, la grande Tartarie est encore un mystère pour nous. Ici les peuples vivent en nomades, se nourrissent du produit de leurs troupeaux, habitent des tentes, et à chaque saison se transportent dans un autre endroit : en un mot, nous n'avons pas encore la certitude que ces tribus innombrables, qui mènent une vie errante autour de la mer Caspienne, du lac d'Aral, et dans le Turkestan, doivent être considérées comme une race d'hommes encore dans l'enfance, ou qu'elles aient atteint l'âge viril, qu'elles se sont déjà développées en un peuple distinct ; mais, des révolutions intestines, jusqu'ici inconnues pour nous, les ont précipitées de leur ancienne grandeur dans l'abîme où nous les voyons aujourd'hui et les forcent à parcourir les immenses steppes de l'Asie centrale.

Ce sera la page la plus instructive, la plus intéressante de notre histoire; car nous ne devons pas oublier que les plus grands conquérants du monde sont nés ici; c'est de là que sont sortis, à différents intervalles, tous ces peuples nomades qui, sous Attila, Dzsingis-Khan et Tamerlan, ont fait trembler l'empire romain, ont renversé les trônes puissants des khalifes, ont régné dans la Chine, aux Indes, en Syrie, en Egypte, même en Europe, et ont fondé des monarchies indépendantes.

Comme on le voit, ils ont joué un rôle important dans les révolutions du monde; leurs migrations successives ont inondé de vastes contrées et renouvelé la population qui les habitait; elles ont plus d'une fois retardé le progrès et interrompu la marche de la civilisation.

Je dirai que nous, Hongrois, nous sommes les descendants de ces barbares; des faits d'une aussi grande portée méritent donc toute notre attention; ils doivent nous engager à étudier avec plus d'ardeur et de zèle l'histoire de nos ancêtres.

Mais, s'est-il jamais présenté une occasion plus favorable pour atteindre ce but, que l'époque dans laquelle nous vivons?

L'expédition du général Bonaparte nous a ouvert l'Egypte; de plus, la dernière guerre d'Orient a renversé la grande muraille qui, depuis deux mille ans, avait isolé l'Europe de la Chine. Aussi, à peine la porte a-t-elle été ouverte que le monde savant s'est enrichi d'un grand nombre de découvertes précieuses. Nous pouvons donc espérer, nous autres, Hongrois, que nous y trouverons des ressources inépuisables, d'où nous tirerons des documents authentiques qui jetteront plus de clarté sur l'origine de nos ancêtres que tout ce que nous avons puisé jusqu'ici dans les historiens du Bas-Empire; car, j'espère pouvoir établir que le premier acte de ce grand drame, dont plus tard, sous Attila, toute l'Europe devint le théâtre, a été joué par nos ancêtres sous les murs de la Chine.

Un immense trésor, l'histoire de nos pères, est enseveli dans la littérature chinoise et nous attend au pied de la grande muraille; et plus elle est éloignée de nous, plus la gloire sera grande pour celui qui découvrira ce trésor et le rapportera parmi nous.

Depuis que les savantes études des sinologues européens nous ont rendu accessible la littérature de ce peuple, l'histoire de nos ancêtres n'est plus un travail si difficile qu'on le croirait au premier coup d'œil.

Nous possédons déjà le dernier acte du grand drame. La gloire en revient à M. Amédée Thierry qui a, le premier, d'une main habile, secoué la poussière dont le cours des siècles du moyen âge avait couvert l'histoire des Huns, que l'ignorance nous avait représentés comme des monstres à face humaine; il a anéanti toutes ces traditions exagérées et les a toutes réduites à leur juste valeur.

Grâce à lui, ce que nous, Hongrois, avons

négligé jusqu'ici, les Français l'ont exécuté :
et aujourd'hui on peut admirer la statue d'Attila avec sainte Geneviève, la patronne de
Paris, agenouillée devant lui, dans le vestibule
de ce même bâtiment, sur la façade duquel on
a gravé cette sublime inscription : « *Aux
grands hommes la patrie reconnaissante.* »

Grâce à M. Thierry, on ne regarde plus Attila
comme un barbare, mais comme un conquérant : Xerxès, Alexandre le Grand, César, Attila, Dzsingis-Khan, Tamerlan, Napoléon ont
tous un même point de ressemblance et doivent avoir la même page dans l'histoire du
monde.

Cependant, lorsqu'on lit attentivement l'ouvrage de M. Thierry, il est impossible de ne
pas se demander : « Puisque les successeurs
d'Attila ont joué un rôle si important dans le
monde, qu'avaient donc fait ses ancêtres? »

« Quels étaient donc les ancêtres d'Attila? »
A cette question, je vais essayer de répondre
moi-même. Mais, je n'ai pas la prétention de

dire que je traiterai cette question, difficile dans ses moindres détails, d'une manière aussi exacte, aussi précise que M. A. Thierry.

Ce sera la tâche d'une autre génération; on l'écrira plus tard, lorsque la Chine, sa langue, son histoire, et enfin la scène où ce drame a été joué entre nos aïeux et les Chinois, seront mieux connus; actuellement, il nous est impossible d'en savoir davantage.

Je n'ai, quant à moi, d'autre but que de consigner ici les points principaux, les événements les plus saillants de cette époque, afin que le passé de nos ancêtres soit complétement tracé depuis le commencement jusqu'à nos jours. Cela nous donnera des vues nouvelles sur l'origine des peuples de l'Europe.

« Resserrer le champ de l'erreur, c'est agrandir celui de la vérité. »

Y a-t-il un peuple dont l'histoire soit plus mouvementée, plus remplie d'événements instructifs, et qui ait plus de ramifications que l'histoire des races scythiques? Cependant, nous

la connaissons bien faiblement; tout leur passé
ressemble à un grand drame; vingt-cinq siècles se sont écoulés depuis que le premier acte
fut joué dans les steppes de l'Asie centrale, et
il y a mille ans que le dernier s'est terminé sur
les bords du Danube. Combien grande est la
distance entre le commencement et la fin! Aussi,
voyons-nous les événements à travers l'épais
brouillard du moyen âge plutôt comme un rêve
que comme une réalité.

Aujourd'hui, nous connaissons les Keltes ou
Celtes, les Scythes, les Germains, les Huns, les
Abares ou Avares, les Hunuguri ou Hongrois.
Peut-on supposer que ces nomades, au fond de
l'Asie, dans leur patrie primitive, aient porté
le même nom que les Grecs et les Romains leur
ont donné?

Je ne le pense pas! Je ferai donc un pas de
plus en avant; je vais distinguer les Celtes
d'avec les Scythes et les Parthes; je désigne
par leur vrai nom leurs collatéraux émigrés; je
démontre la filiation directe entre les Celtes, les

Scythes, les Huns, les Turcs, les Avares et les Hongrois.

On dit qu'une question bien posée est à moitié résolue. « *Qui bene distinguit, bene docet.* » J'ai étudié cette question aride comme pas un Hongrois ne l'a fait jusqu'ici; je vais donc éclaircir la situation, circonscrire le théâtre, introduire sur la scène, faire connaître les acteurs et tracer la route que les événements ont suivie jusqu'à nous. J'ai la conviction, en faisant cet ouvrage, de combler une lacune dans l'histoire universelle.

Semblable à l'architecte qui, pour construire un édifice, réunit les matériaux épars çà et là, j'ai rassemblé tous les documents historiques qui peuvent nous faire connaître les anciens peuples nos devanciers; je les ai fondus ensemble pour qu'il n'y ait pas d'interruption au cours des événements.

Quoique je ne dise rien qui soit inconnu pour un littérateur versé dans les sciences historiques, je suis convaincu que ceux qui trouvent du plaisir à connaître en résumé l'origine des anciens peuples, liront avec intérêt les détails qui vont suivre.

Cet ouvrage embrasse un espace de vingt-cinq siècles : depuis l'arrivée des Celtes en Europe, 1600 ans avant notre ère, jusqu'à la fin du neuvième siècle de Jésus-Christ.

Il est divisé en deux périodes : la première comprend l'invasion des tribus scythiques et finit avec celle des Huns en Europe ; la seconde commence avec l'établissement des Parthes et va jusqu'à l'entrée des Hunugars et des Magyars en Europe, c'est-à-dire à l'époque de Constantin Porphyrogenète, de 256 ans avant notre ère jusqu'à l'an 895 de J.-C.

Les savants, par une convention séculaire, ont accepté jusqu'à présent cette thèse : que les Hongrois d'aujourd'hui sont les descendants directs des Scythes d'Hérodote, ou qu'ils appartiennent à la même souche. M. Jules Oppert est le seul qui nous apprenne, par l'inscription de Behistoun, que l'affinité des Scythes d'Hérodote avec les Magyars doit être regardée comme réelle ; il le démontre preuves en main.

Je n'ai donc d'autre but que de confirmer et tracer cette affiliation des Scythes avec leurs descendants.

I

RAMEAU SCYTHIQUE

I.   LES GRECS (GRÉCO-SCYTHES).

II.   LES KELTES (KÖLTÖZŐK), *emigrantes*.

   (CELTÆ, CELTO-SCYTHÆ).

III. LES KOMOR (GOMER KYMRIS).

IV. LES SCYTHES (KÓSZÁK), errants, vagabonds.

V.   LES HUNS (HIOUNGNOU ou *Csapongók*),

   errantes, vagantes.

I

L'origine des anciens peuples ressemble au ruisseau qui, à sa source, paraît presque imperceptible, mais qui, dans son cours, s'agrandit de plus en plus jusqu'à ce qu'il devienne une rivière; plus il vient de loin, plus il se divise et plus il est difficile d'en retrouver la source.

Y a-t-il un peuple dont nous connaissions l'origine d'une manière nette et précise? Prenons pour exemple Rome la ville éternelle! Qu'est-ce que nous y trouvons? Ce géant du monde comment s'introduit-il parmi les peuples de l'antiquité? Il nous montre une louve avec deux enfants et l'historiographe romain a gravé sur le piédestal ces quelques mots : *Origo urbis Romæ hæc fuit.*

Les anciens Grecs se prétendaient autochthones, nés sur le sol même, suivant l'acception consacrée, ce que les Athéniennes exprimaient symboliquement en portant une cigale d'or dans leur chevelure.

Suivant la tradition grecque, les Scythes descendaient de Jupiter et d'un certain monstre, nommé Echidna, dont la partie supérieure représentait une femme et l'inférieure une vipère (1).

D'après les traditions chinoises les premiers habitants de l'Empire furent trente millions de divinités; c'est pour cette raison que l'empereur s'appelle « Fils du ciel » et que son royaume est appelé « l'Empire céleste. »

D'après Moïse, nous connaissons également l'origine du genre humain. Malheureusement, la critique sévère n'y voit qu'un roman déguisé; elle croit que parmi les feuilles du pommier du paradis la muse se tenait déjà cachée. Com-

---

(1) « Exinde fabulantur Scythæ virginem ex terra apud se natam, cujus forma cingulo tenus feminam, inferior vero viperam representaret. Cum hac Jovem congressum Scythen genuisse. »   DIODORE.

ment se fait-il donc que l'origine des anciens peuples s'est partout enveloppée de mythes ?

Mais qui se rappelle son enfance? Qui se souvient de ses premières années?

Les peuples ont leur enfance aussi bien que les êtres physiques, avec cette différence : que tandis que l'enfance de l'homme ne dure que quelques années, celle des peuples compte des siècles et même des milliers d'années; la fleur ne demande que quelques mois pour atteindre son développement : combien de siècles ne faut-il pas à l'arbuste pour devenir un grand chêne ?

L'origine des diverses races humaines ne pouvait être connue avant que les recherches du philologue et l'érudition de l'historien se fussent prêté un mutuel appui,

Aujourd'hui, il est généralement admis dans le monde savant : Que l'Asie est la terre natale et le berceau primitif de tous les peuples d'Europe; que toutes les langues parlées dans les familles européennes dérivent du sanscrit. D'où

2.

il résulte qu'il y a communauté d'origine, communauté de langage.

Ici je ferai remarquer que dans cet ouvrage je n'ai ni l'intention, ni la prétention d'écrire l'histoire des anciens peuples ; j'ai voulu exposer non pas en détails, mais seulement esquisser à grands traits et dans leur ensemble les phases principales de l'histoire des familles scythiques.

Nous verrons dans la suite des événements qu'il y a beaucoup de mots étrangers dans l'histoire ancienne que ni les Grecs, ni les Romains ne pouvaient connaître, dont on ne saura jamais la vraie signification sans le concours de la langue hongroise. Je me suis uniquement proposé de mettre en lumière ces mots énigmatiques qui nous aideront à compléter notre histoire.

A l'époque où il n'y avait que deux hommes, le patrimoine suffisait à peine à les satisfaire, à plus forte raison lorsqu'ils se multiplièrent il est devenu trop petit : l'homme commença donc à émigrer de bonne heure, d'abord par amour de son indépendance, puis pour se soustraire au joug du plus fort.

Tout porte à penser que les premières familles sorties des régions du Caucase se sont abattues sur cette terre qu'on appela plus tard la Grèce.

La configuration géographique du terrain, les mille découpures de ses côtes, les îles semées autour d'elle, sa conformation intérieure, le réseau de montagnes qui la couvrent et la divisent en projetant leurs rameaux dans toutes les directions, répondaient exactement à la pensée du nomade : « Jusqu'ici, c'est à moi ; — jusque-là, c'est à toi ; — d'ici je puis me défendre contre l'agresseur ; — de là je puis faire le brigandage sur la terre d'autrui. »

Longtemps nomades, ils embrassèrent enfin la vie sédentaire et se livrèrent à l'agriculture et au commerce : de là est née la Grèce.

De même que l'homme se multiplia toujours en Asie, de même l'immigration se continua sans cesse à travers les siècles comme une chaîne non interrompue.

La Grèce étant déjà peuplée, il fallut chercher un autre débouché ; les nouveaux arrivés
se tournèrent donc vers l'Occident.

Comme la Grèce est de peu d'étendue, les
premiers colons la parcoururent en peu de temps,
donnèrent et reçurent des renseignements concernant la situation du sol et la nature du climat ; de sorte que la colonisation se fit, relati-
vement aux autres immigrations, dans un court
intervalle, tandis que maintenant de grandes
rivières, d'immenses réseaux de montagnes, des
forêts impénétrables, de vastes landes forcent
les colons à ne s'aventurer qu'avec précaution,
de crainte d'être enveloppés par des colons encore plus sauvages qu'eux-mêmes : aussi, leur
passage devient périodique et leur nombre plus
imposant.

La presqu'île de Crimée devint une étape
permanente où ces nomades se ravitaillaient et
s'acclimataient avant d'entreprendre le grand
voyage.

II

La deuxième branche de nomades, sortie du fond de l'Asie, va bientôt inonder l'occident de l'Europe. Les Grecs les appellent KELTES KELTIKE ou Celtes; ce sont les Galli des Romains, Celtes ou Gaulois des écrivains modernes. C'est la grande famille qui remplit l'ancien monde de son nom et du bruit de ses armes.

Durant plusieurs siècles, ils errèrent entre le Danube et le Rhin sans être connus ni des Grecs ni des Latins. Hérodote les place entre le Danube et les colonnes d'Hercule. D'autres écrivains, comme Diodore de Sicile, embrassent dans une formule générique toute la famille gauloise depuis le Palus-Méotide jusqu'aux mers de l'Irlande.

« Les peuples gaulois les plus reculés vers le

Nord et voisins de la Scythie sont si féroces, dit-il, qu'ils dévorent les hommes; ce qu'on raconte aussi des Bretons qui habitent l'île d'Irin. Leur renommée de bravoure et de barbarie s'est établie de bonne heure; car sous le nom de Kymri ils dévastèrent autrefois l'Asie. De toute antiquité ils exercèrent le brigandage sur les terres d'autrui; ils méprisent tous les autres peuples. Ce sont eux qui ont pris Rome, qui ont pillé le temple de Delphes, qui ont rendu tributaire une grande partie de l'Europe et de l'Asie; et, en Asie, s'emparant des terres des vaincus, ils ont formé la nation mixte des Gallo-Grecs; ce sont eux, enfin, qui ont anéanti de grandes et nombreuses armées romaines. »

Jules César est le premier qui nous donne une description complète de ce peuple. Les ayant combattus pendant neuf ans consécutivement, nul ne s'était trouvé plus à même que lui d'étudier à fond cette question, nul n'était plus capable de la résoudre. Depuis longtemps sédentaires, ils avaient déjà à cette époque des

villes florissantes et formaient des nations entièrement distinctes les unes des autres.

« Toute la Gaule, dit César, est divisée en
trois parties, dont l'une est habitée par les
Belges, l'autre par les Aquitains, et la troisième
par ceux qui, dans leur langue, se nomment
Celtes, et que dans la nôtre nous appelons
Galli. »

Nous avons vu que les Grecs appelaient les
Gaulois Keltes ou KELTIKE. Ils nommaient
toutes les tribus, sans distinction de race ni d'o-
rigine, de ce nom générique qui veut dire en
hongrois *Költözö-k* ou *émigrantes*.

On croit que le nom *Bolgoï*, *Bolgæ* dérive
du mot latin *bellum* d'où est venu le nom
Belges.

Je pense qu'on doit chercher dans ce mot un
nom caractéristique qui soit plus en rapport avec
leur vie nomade, ce qui nous porterait à ad-
mettre que le mot *Belges* vient du hongrois
Bolgó, errant, vagabond.

C'est en vain que nous cherchons aujourd'hui le moindre rapport entre la langue des Belges et celle des Hongrois ; la race des anciens Keltes fut entièrement absorbée par les couches kymmériques et par d'autres peuples qui les ont remplacés. Mais, il reste des rameaux détachés de cette race primitive que l'antiquité nous a conservés comme un dépôt précieux pour nous servir de trait d'union entre le passé et le présent et pour nous aider à débrouiller l'origine des anciens peuples : ce sont les Armorikains ou habitants des côtes de la mer.

Qnoique, aujourd'hui, la langue bretonne soit surchargée de mots néo-grecs, néo-latins, néo-gaëliques, néo-kymriques, il nous reste la charpente de la langue et des mots purement scythiques comme autant de monuments de leur origine commune. Nous pouvons donc affirmer que la langue hongroise n'a pas d'alliée plus rapprochée que la bretonne. Ce fut l'Armorikain qui, voyant de ses montagnes des falaises grisâtres, des forêts éternellement verdoyantes qui s'élevaient au milieu de la mer sur les rives opposées, traversa, le premier, le détroit, pour visiter les rivages inconnus; il nomma le pays Wiritó-hon, c'est-à-dire pays d'éblouissante beauté, qui charme les yeux, dont les Anglais formèrent le nom de *Brighton, Britain ou Bretagne* (1).

(1) « In primis hæc insula Britones solos a quibus nomen accepit incolas habuit ; qui de tractu armoricano ut fertur Britanniam advecti australes, sibi partes vindicarunt. »

(Hist. BEDÆ, t. I, ch. i.)

III

La seconde migration fut suivie d'une troisième. Les Komor-s vinrent après les Keltes;
ce sont les Gomer de la Bible, les Kimmeri
d'Hérodote, Kymri Kymraïg des modernes. Nous
rencontrons ici pour la première fois deux peuples, les Komor-s et les Scythes, qui vont entrer à la fois sur la scène.

Concernant les premières migrations, tout est
incertain; maintenant, nous entrerons dans l'histoire, nous toucherons à la terre ferme : donc
nous n'avons qu'à suivre la route que les anciens nous ont tracée.

C'est le prophète Jérémie, le premier, qui suit
les événements avec attention et montre à ses
concitoyens l'approche d'un peuple jusqu'ici
inconnu.

« Voici, dit-il, un peuple vient du pays de l'Aquilon, et une grande nation se réveillera du fond de la terre. » Nous voyons dans le livre d'Ezéchiel que les prophéties de Jérémie se sont accomplies à la lettre, car il maudit ces peuples aux XXXVIIIe et XXXIXe chapitres de son Livre.

Les données d'Ezéchiel sont d'autant plus significatives qu'il ne s'agit plus ici de prophéties ou de divination, mais d'un fait historique réellement accompli. Mais, avant d'aller plus loin, laissons pour un moment Ezéchiel et tâchons de connaître les peuples Gog et Magog, qu'il a tant exécrés.

A une lieue environ au nord de Kirmancha, à gauche de la route de Bagdad à Hamadan, sur le territoire de l'ancienne Médie, se trouve le rocher Behistoun ou le mont Bagistan des géographes; sa hauteur perpendiculaire est de 456 mètres; sur son flanc est sculpté un bas-relief colossal au-dessus d'une inscription tellement étendue que, suivant quelques voyageurs, il faudrait deux mois pour la copier.

Saluons les savants sir Henry Rawlinson, Jules Oppert et D' Hinks, qui nous ont doté de la traduction fidèle de cette œuvre unique en son genre. C'est le plus précieux monument historique que l'antiquité nous ait légué sur cette époque.

Voici ce que nous apprend l'inscription de Behistoun :

« Darius le grand roi dit : « Pendant que « j'étais à Babylone, les provinces suivantes « firent défection : la Perse, Elam, la Médie, « l'Assyrie, l'Arménie, la Parthie, la Margiane, « les Sattagydes, les Scythes. »

Il préparait alors contre ces derniers, les Scythes, une puissante expédition ; si donc nous voulons connaître ce peuple fameux dans l'antiquité, nous n'avons qu'à suivre Darius et son armée, le livre d'Hérodote à la main. Voici ce que nous raconte le père des historiens concernant l'origine de ce peuple :

« Il y a sur ce sujet (sur l'origine des Scythes)

une tradition, à laquelle, depuis qu'on me l'a contée, je donne la préférence. Les Scythes, peuples nomades de l'Asie, en guerre avec les Massagètes et accablés par eux, traversèrent l'Araxe (Iaxartes) et s'en allèrent sur la terre des Cimmériens. En effet, celle que les Scythes habitent maintenant appartenait, dit-on, jadis aux Cimmériens. Ceux-ci, près d'être envahis, délibérèrent, car une grande armée les attaquait; les opinions furent diverses et soutenues des deux parts avec véhémence; celle des rois était la meilleure.

« Le peuple voulait se retirer, déclarant qu'il était inutile de s'exposer au péril en attaquant une armée plus nombreuse; les rois étaient d'avis, au contraire, qu'il fallait se défendre et combattre. Ils refusèrent de céder au peuple, et le peuple refusa de leur obéir; la faction populaire s'obstinant à partir sans résistance, à abandonner aux envahisseurs tout le territoire, les rois résolurent d'y mourir, d'y recevoir sépulture, enfin de ne point fuir avec le peuple. Car

ils récapitulaient tant les biens dont ils avaient
joui, que les maux auxquels, sans doute, ils
seraient en butte s'ils s'éloignaient de leur
patrie. Ce parti pris, ils se partagent pour former deux corps égaux en nombre, et ils tombent les uns sur les autres. Ils moururent par
leur volonté; le peuple des Cimmériens les en-
sevelit sur les bords du Tyras, où l'on voit encore leurs tombeaux. Après les avoir inhumés,
il émigra, et les Scythes, en arrivant, trouvèrent
la contrée déserte. »

Les Kimmériens (Gomer) habitaient déjà,
au temps d'Homère, les rives du Bosphore cim-
mérien de la presqu'île de *Kertch* et de *Taman ;*
il est permis de conclure de l'étymologie de leur
nom qu'ils appartenaient à la race scythique,
comme celle-ci dérivait de la race mongole; la
signification du mot *Gomer,* auquel répond en
hongrois *Komor, triste, sombre,* ressemble au
nom national des Mongols, dont la racine
Mungl veut également dire *triste, sombre,
morne.*

A la suite du choc des Scythes et des Kimmériens, une partie de ce dernier peuple, pour échapper aux Scythes, s'en alla vers l'occident de l'Europe, y porta son type et sema les mœurs, les monuments et les idées religieuses de la Kimmérie caucasienne jusqu'au fond de l'Angleterre et dans le nord de la presqu'île de Scandinavie. Avant de quitter leur pays, ils firent un grand tumulus à la mémoire des morts.

Cependant, tous les Kimmériens ne purent pas suivre leurs frères vers l'Occident : ceux qui habitaient à l'est du Bosphore, à l'extrémité du Caucase, pour éviter les Scythes, prirent une route opposée; ils longèrent la côte de la mer Noire, comme le dit Hérodote, et, vers 633, arrivèrent au centre de l'Asie Mineure.

Les Scythes, ignorant la route que prirent les fuyards, allèrent par Derbend les chercher chez les Mèdes, tournant le Caucase et les laissant à droite. Au pied des monts, les Scythes et les Mèdes se heurtèrent : ceux-ci furent vaincus et perdirent l'empire de l'Asie, dont les Scythes s'emparèrent. Ils se portèrent ensuite sur l'Egypte; ils avaient déjà pénétré dans la Palestine syrienne quand Psammétique, roi d'Egypte, venu à leur rencontre, les décida, par des prières et des présents, à ne pas aller au delà et à rebrousser chemin : ils s'éloignèrent donc et traversèrent la ville syrienne d'Ascalon sans y faire le moindre mal.

Les Kimmériens volaient, pillaient également, mais enfin ils se constituèrent en peuple et choisirent pour siége principal le Khersonèse de Sinope.

Un événement comme la guerre des Scythes, qui changeait la face de l'Asie, accompagné de dévastations et de pillage, devait avoir un retentissement chez les Hébreux, avec d'autant plus de raison que leur pays devenait le théâtre de tous ces terribles fléaux.

Les Scythes ayant traversé la Syrie dans leur expédition contre l'Egypte au temps d'Ezéchiel; ce fait devait se trouver naturellement

consigné dans les livres du Prophète. C'est ce
que l'on voit aux chapitres XXXVIII et XXXIX
de ses prophéties : « J'en veux à toi, ô Gog,
prince et chef de Mescec et de Jubal. Et je te
ferai retourner en arrière, n'en laissant qu'un
de six, après t'avoir fait monter du fond de
l'Aquilon, et t'avoir fait venir sur les montagnes
d'Israël.

« Et il arrivera en ce jour-là que je donnerai
à Gog un lieu pour sépulcre en Israël, savoir la
vallée des Passants, qui est à l'orient de la mer,
et cette vallée fera que les passants se bouche-
ront le nez; on enterrera là Gog et toute la
multitude de son peuple, et on l'appellera la
Vallée d'Hammon-Gog. »

« On a généralement regardé le nom de *Magog*, dit Dubois de Montpereux, comme identique
aux Méotes, Mates, Sarmates, colonies mèdes
amenées au nord du Caucase par les Scythes (1). «

_____

(1) *Voyage au Caucase*, par Dubois de Montpereux. Ouvrage couronné par l'Académie française, en 6 volumes.
Paris, 1839-1841.

A notre avis, tous ceux qui ont accepté cette opinion se sont également trompés; nous en avons la preuve dans le passage suivant de l'Histoire de la Géorgie, que Vakhtang V, roi de Kartly (1703—1712) fit compiler d'après les chroniques conservées dans l'église métropolitaine de Mtzkhetka et dans le célèbre monastère de Ghélathi, qui s'était enrichi des précieux monuments de Pitzunda : « Les Khazars (les chroniques géorgiennes appellent ainsi les Scythes) étaient devenus très-puissants au nord du Caucase, et faisaient la guerre aux Caucasiens. Dourdsourk, fils de Tirethi, qui régnait alors sur les Caucasiens, demanda du secours aux Géorgiens et Arméniens, qui, traversant le Caucase, pillèrent les contrées voisines au *Kazaréthi* (la Scythie), y fondèrent une ville et retournèrent chez eux.

« Les Khazars choisirent alors un roi (selon Hérodote, c'était Madyès, fils de Protothyès), passèrent par la porte de la mer (par Derbend), tombèrent sur les Thargamosiens, qui ne purent résister : la multitude de ces Scythes ou Khazars était innombrable ; ils pillèrent, ruinèrent toutes les villes qu'ils rencontrèrent entre l'Ararath et le Massissi. Ces Scythes, outre le passage de Derbend, connaissaient aussi la porte de l'Aragvi ou Dariel ; et leurs troupes nombreuses ne cessaient de fondre, par ces deux grandes routes du Caucase, sur les Thargamosiens, qui leur payèrent enfin tribut.

« Lorsque le roi des Scythes ou Khazars fondit pour la première fois sur les pays au sud du Caucase, il les ravagea et donna, en retournant, à son fils Oubos les prisonniers avec la contrée qui s'étend à l'ouest du Térek jusqu'à l'extrémité du Caucase ; la descendance d'Oubos et de ces nouveaux colons forma la nation des Owsni, c'est-à-dire les habitants de l'Ossethie, qui occupent encore aujourd'hui le centre du Caucase. »

Diodore affirme la même chose, en rapportant que les Scythes menèrent une colonie de Mèdes en Sarmatie, pays au nord du Caucase.

Les Osses, Jas de Nestor, Alains du moyen
âge de Constantin Porphyrogénète, les As de
Josaphat Barbaro ont conservé dans leurs traditions et surtout dans le nom qu'ils se sont
donné, la trace de leur origine : ils s'appellent
Iron, et leur pays Ironistan, qui était l'ancien
nom du peuple et du pays des Mèdes.

Les *Gog* et *Magog* d'Ezéchiel sont les Scythes
d'Hérodote; les Sakes des Perses sont les Khazars des chroniques géorgiennes; les Jas ou
Alans, les Mates ou Sarmates sont leurs colonies, établies sur les bords du Don ou Tanaïs.

Les savants cherchent bien loin la signification des noms *Gog* et *Magog*. Cependant, les
peuples ainsi appelés ne peuvent être autres que
ceux que nous appelons *Montagnards*, le mot
en est la preuve; le *Kog* ou *Hog*, dans la langue des Kourdes, descendants des Parthes,
désigne une montagne qu'on nomme en hongrois *Hegy;* mais je dois faire remarquer que
l'usage de l'*y*, dans la langue hongroise, ne
date que du commencement de ce siècle : d'où

le Gogh-Asis, dont on a formé le Kokhasis ou Caucase, signifie *montagne vaseuse*.

Dans la langue chinoise, *Ma* voulant dire cheval, le *Magog* n'est autre qu'un *montagnard à cheval*. Et tous ces innombrables peuples seront enterrés dans la vallée de la montagne de Hammon (Hammon Gog).

Nous pouvons donc conclure hardiment que le nom de *Méotes*, *Mates* est un nom générique, comme nous appelons aujourd'hui Russes tous ceux qui viennent du Nord, ou qui habitent le nord de l'empire moscovite, ou Américains ceux qui traversent l'Atlantique pour venir en Europe, quoiqu'il y ait une grande différence entre ces peuples, aussi bien dans leur langue que dans leur physique et leur origine.

Mais d'où vient le nom *Khazar* ou *Khorsar*, que les Géorgiens donnent aux Scythes?

Concernant la signification de ce mot, voici comment s'exprime M. Jules Oppert dans son ouvrage intitulé : *Expédition scientifique dans la Mésopotamie* : « Les Scythes de toute natio-

nalité, les *Çakâ* des Perses (ce qui se rapproche
du mot médo-scythique et susien *sak, fils*), sont
appelés par les Assyriens *Namri* ou *Namiri;*
ce n'est qu'une désignation pour *race*, mise après
ce mot, par exemple, *Sumkuk Namri*, ou *race
royale*, et que les Sémites appliquèrent à tous
les Scythes en général, ce mot se retrouvant
dans tous leurs noms. Et ce nom de race de
peuple par excellence se retrouve encore aujourd'hui chez les Magyars, dont le héros le
plus antique s'appelle *Nemere*, la personnifica-
tion mythique de toute cette civilisation primor-
diale, trop tôt étouffée, des nations toura-
niennes. »

Je ne veux pas contester la véracité de cet
argument. Je reconnais qu'il n'y a pas de
peuple plus fier, ni plus orgueilleux, qui tienne
plus à la noblesse de ses aïeux que les Hongrois.

Je suis par conséquent le premier à remercier
M. Jules Oppert des recherches savantes qu'il
a faites en traduisant l'inscription de Behis-

toun ; personne, mieux que lui, n'a jusqu'ici
démontré par des preuves aussi palpables la filiation en ligne directe entre le Hongrois et les
anciens Scythes; mais je ne puis partager son
opinion et l'interprétation qu'il donne au mot
Çâkes.

Ce mot, tel que nous le trouvons sur le rocher de Behistoun, nous arrive de la source
persane tronquée de sa première syllabe *Ko*,
sans laquelle il n'y a point de signification; cette
syllabe ajoutée au mot *Çâkes* nous donnera le
mot *Kószák*ʳˢ, nom qui signifie *errants, vagabonds*, que nos ancêtres ont toujours porté
et conservé jusqu'à leur entrée dans la Hongrie.

Ainsi donc, l'étymologie de ce nom nous a
permis de résoudre d'une manière certaine le
problème de notre origine nationale. Que les
Scythes aient porté ce sobriquet *Kószák* ou *Vagabonds errants*, nous en avons la preuve; car
les chroniques géorgiennes les appellent *Scythes
Khazars*, ce qui dit clairement Scythes vaga-

bonds ou errants ; en outre Pline l'Ancien dit encore : les Perses appelaient les Scythes *Sakes*, et les Scythes, les Perses *Khorsares*, dont il est clair que le mot *Kosza* leur était connu.

« Les Scythes conservèrent vingt-huit ans l'empire d'Asie. Ils ruinèrent tout par leur violence et leur négligence. Outre les tributs ordinaires ils exigeaient encore de chaque particulier un impôt arbitraire ; et indépendamment de ces contributions ils parcouraient tout le pays, pillant et enlevant à chacun ce qui lui appartenait.

« Cyaxare et les Mèdes en ayant invité chez eux la plus grande partie, les massacrèrent après les avoir enivrés. Les Mèdes recouvrèrent par ce moyen et leurs Etats et l'empire sur les pays qu'ils avaient auparavant possédés.

« Après cette absence les Scythes avaient voulu retourner dans leur patrie ; mais ils ne trouvèrent pas dans cette entreprise moins de difficultés qu'ils n'en avaient rencontré en voulant pénétrer en Médie. Une armée nombreuse était allée au-devant d'eux, et leur en avait disputé l'entrée; car leurs femmes ennuyées de la longueur de leur absence avaient eu commerce avec leurs esclaves.

« De ces esclaves et des femmes scythes il était né beaucoup de jeunes gens, qui ayant appris quelle était leur naissance marchèrent au-devant des Scythes revenant de la Médie.

« Ils commencèrent d'abord par couper les communications en creusant un large fossé depuis les monts Taüriques jusqu'au Palus-Mæotis qui est d'une vaste étendue. Ils allèrent ensuite camper devant les Scythes qui tâchaient de pénétrer dans le pays, et les combattirent. Il y eut entre eux des actions fréquentes sans que les Scythes pussent remporter le moindre avantage. « Scy-« thes, que faisons-nous? s'écria l'un d'entre « eux; s'ils nous tuent quelqu'un des nôtres, « notre nombre diminue; et si nous tuons quel-« qu'un d'entre eux nous diminuons nous-mêmes « le nombre de nos esclaves. Laissons là si vous « m'en croyez nos arcs et nos javelots, et mar-

« chons à eux armés chacun du fouet dont il se
« sert pour mener ses chevaux. Tant qu'ils nous
« ont vus avec nos armes, ils se sont imaginé
« qu'ils étaient nés nos égaux. Mais quand au
« lieu d'armes ils nous verront le fouet à la
« main, ils apprendront qu'ils sont nos esclaves,
« et convaincus de la bassesse de leur naissance
« ils n'oseront plus nous résister. » Le conseil
fut suivi. Les esclaves étonnés prirent aussitôt
la fuite sans songer à combattre. »

Dans quel endroit était le fossé que les fils
des esclaves scythes avaient creusé pour se défendre ? Les données historiques qui se rap-
portent à cet événement ne s'accordent pas entre elles pour en préciser l'emplacement.

Les uns prétendent qu'il devait être à l'endroit
même où nous trouvons aujourd'hui la ville de
Pérékop ; car l'ancienne ville tartare Taphræ,
dont la signification, suivant le père Briet, en
tartare est *digue* ou *fossé*, avait été en cet endroit.

Constantin Porphyrogénète parle de ce fossé

dans son ouvrage *De administrando imperio* et l'a placé au même endroit : « La baie du lac Méotis, dit-il, s'étend dans la terre ferme jusqu'à la région de Nékropile à quatre lieues de distance des embouchures du Dnieper, et finit au point d'où les anciens tiraient leur ligne de fortification à travers l'isthme de Crimée ; dont la longueur était une lieue ou plus encore, mais avec le temps elle s'est couverte d'une épaisse forêt (1). »

D'autres voudraient le placer dans le voisinage de Kremnes, aujourd'hui Taganrock, et se basent sur le chapitre XX d'Hérodote, où il est dit : « Au delà de ce fleuve (le Gerrhus) sont les Scythes qu'on appelle *Royaux*; les plus vaillants, les plus nombreux, estimant que les au-

(1) « Atque ille ipse Mæotidis sinus pertingit e regione Nekropilarum usque, quæ a Danapri absunt milliaria circiter quatuor, ibique miscetur, ubi veteres mare trajiciebant ducta fossa per mediam Chersonem, regiones et Bospori terram quæ mille aut amplius milliaria occupabat : sed temporis tractu ea obruta in densam conversa est silvam. »
CONST. PORPHYROGÉNÈTE.

tres Scythes sont leurs esclaves. Ils touchent au
midi à la Taurique, à l'est au fossé qu'ont creusé
les fils des esclaves, et sur le Palus-Méotis au
port marchand qu'on appelle Cremnes. »

Il n'est point impossible que les uns et les
autres se trompent et que le fossé en question
commençât à la montagne Taurique, pour abou-
tir à la flèche d'Arabat.

Voici ce qu'on lit plus bas au XXVIII° chapitre de son livre : « L'hiver est tellement rude
dans toute la contrée que je viens de décrire,
la gelée est si forte pendant huit mois de l'année que ce n'est point en versant de l'eau que
tu feras de l'argile, mais en allumant du feu.
La mer est prise ainsi que le Bosphore Cim-
mérien ; les Scythes qui demeurent au delà du
fossé manœuvrent sur la glace en poussant leur
traîneau sur la rive opposée chez les *Sindes*. »

Quoique cette affaire n'ait pas beaucoup
d'importance aujourd'hui, je m'y suis arrêté
parce que nous rencontrons ici le premier
mot purement scythique, et conséquemment

hongrois, qu''Hérodote nous fait remarquer.

Nous avons dans la langue hongroise le mot *Zend-ül* « qui révolte; » ainsi les Sindes d'Hérodote ne sont autres que les *Zendülő* ou révoltants des Hongrois; nous trouvons la même acception chez tous les commentateurs d'Hérodote. « Plus loin est la péninsule, — dit Ammien Marcellin, — habitée par la race infâme des Sindes, ces serviteurs infidèles, qui pendant que leurs maîtres portaient la guerre en Asie s'emparèrent de leurs femmes et de leurs biens (1). »

Valerius Flaccus s'exprime de la même manière : « Les Sindes, fruit d'un commerce infâme, font ensuite avancer leurs bataillons, qui craignent encore les fouets, instruments du châtiment de leurs pères (2). »

---

(1) « Longo exinde intervallo pæne est insula quam incolunt Sindi ignobiles, post heriles in Asia casus conjugiis potiti dominorum et rebus.   AMMIEN MARC.

(2) « Degeneresque ruunt Sindi glomerantque paterno
Crimine nunc etiam metuentes verbera turmas. »
VALER. FLAC.

Au temps de leur puissance, les Scythes formaient une vaste confédération, composée de plusieurs tribus indépendantes qui avaient chacune son chef séparé, son culte et ses coutumes particulières. Toutefois, parmi ces tribus il en était une privilégiée qui exerçait sur le reste de la nation une sorte de suprématie; elle fournissait le roi, par lequel l'unité religieuse et politique de la race était maintenue, le chef sous le commandement duquel toutes les forces de la Scythie se groupaient. C'était la tribu des Scytes Scolotes.

La Scythie commençait suivant les uns à l'est de la Vistule et au nord du Danube et se prolongeait indéfiniment vers l'Orient et le Nord, comprenant par conséquent toute la Sarmatie : tandis que les autres la placent ou au nord de celle-ci, ou bien entre le Borysthène et le Tanaïs et l'étendent à l'est du Tanaïs jusque dans les profondeurs de l'Asie intérieure. Nous n'avons pas de renseignements précis sur les tribus scythes qui habitaient entre le Danube et le Dniester dans la Bessarabie actuelle; elles devaient être nomades, car Hérodote n'en dit rien.

Les peuplades scythiques mentionnées par Hérodote sont : 1° Au nord de la colonie grecque, Olbia située à l'embouchure de l'Hypanis dans le liman du Borysthène, les Callipides, mélange de Grecset de Scythes (aujourd'hui le gouvernement russe de Kherson);

2° Au nord des Callipides, les Alazons, à l'endroit où le Tyras et l'Hypanis se rapprochent l'un de l'autre (gouvernement de Podolie) ;

3° Au nord-ouest des précédents, les Scythes laboureurs (arotères) entre l'Hypanis et le Borysthène (gouvernement de Kiew);

4° A l'est du Borysthène et au nord de l'Hylée les Scythes, agriculteurs (georgoï) appelés par les Grecs borysthenites et qui se nommaient eux-mêmes olbiopolites (les citoyens riches), dans le gouvernement de Poltava et de Tchernigov ;

5° A l'est des Borysthenites, les Scythes no-

mades qui semblent avoir occupé les gouvernements d'Iekaterinoslav et de Tcharkov;

6° Les Scythes royaux, tribu dominante oc-
cupant le nord de la Khersonèse taurique et
les bords du Palus-Méotide jusqu'au Tanaïs,
c'est-à-dire une partie des gouvernements de
la Tauride, d'Iekaterinoslav et des Kosaks du
Don;

7° Les Scythes déserteurs qui, pour fuir le
joug des Scythes royaux, s'étaient retirés vers
l'est, au pied de l'Oural, dans le gouvernement
actuel de Perm. D'autres peuples étaient soumis aux Scythes et pendant la guerre entraient
forcément ou volontairement dans leur alliance.
Tels étaient, au sud de la Khersonèse, les Taures,
débris sans doute des anciens Cimmériens; à
l'ouest des Tyrites, Grecs établis sur le cours in-
férieur du Tyras, et les Neures, errant au nord
des sources du Bug et du Dniester, c'est-à-dire
dans la Volhynie et la Gallicie orientale; au
nord les Andropophages et les Melanklenes (du
gouvernement de Smolensk et de Toula; à l'est

les Boudins dans les gouvernements actuels de Pensa, Simbirsk et Kazan; les Thijssagètes et les Yurks peuples chasseurs (gouvernements de Viatka et de Perm;) au sud-ouest les Sarmates, séparés des Scythes par le Tanaïs (gouvernements d'Astrakhan et de Saratov.)

Pour traverser la Scythie, d'un bout à l'autre, il fallait parler sept différentes langues, ou à défaut prendre autant d'interprètes.

Au-dessus des Scythes émigrés, sont les Argypéens ou peuples qui sont chauves depuis leur naissance; suivant le comte Potoczky ils ne sont pas autres que les Calmouks qui se rasent la tête depuis l'enfance. Les Issedons sont voisins des Argypéens; probablement les Hamaxobites d'Homère qui vivent dans les chariots, *in curribus degentes.*

« On connaît donc aussi ces peuples, continue Hérodote; mais pour le pays qui est au-dessus, on sait par le témoignage des Issedons qu'il est habité par des hommes qui n'ont qu'un œil, et par des gryphons qui gardent l'or. Les

Scythes l'ont appris des Issedons, et nous, des Scythes. Nous donnons à ce peuple un nom scythique, car *Arima* veut dire *Un, spou œil ;* et nous les appelons *Arimaspou.* »

Je ne me serais pas arrêté aux Arimaspou si Diodore de Sicile ne les avait pas acceptés et si plusieurs savants n'en avaient parlé après lui. Cette fable, comme nous dit Hérodote, prend sa source dans le poëme épique d'Aristée le Proconnèse, écrit sur la guerre des Arimaspes avec les Gryphons. Il n'y a rien d'étonnant qu'Hérodote ait accepté une enveloppe fabuleuse pour l'étymologie de ce joli mot scythique et, partant, hongrois. Le métal qu'on appelle l'*or* en francais, les Hongrois le nomment encore aujourd'hui *Aram* ou *Arany*, ce qui équivaut au latin *Aurum ;* le mineur qui cherche la poudre d'or est appelé *Asó fodiens :* Ainsi donc l'Arimaspou d'Hérodote n'est autre que *l'aurifodiens* des Latins, ou *Aramásó* des Hongrois.

Je suppose que ni Hérodote lui-même, ni son interprète grec ou gréco-scythe ne comprenaient la langue scythique; il a copié le mot comme il l'a reçu dans l'oreille et il lui a donné la signification que la fantasmagorie d'Aristée avait créée.

Les Scythes n'avaient point de religion, pas plus que les Huns leurs successeurs. Dans chaque tribu, dit Hérodote, on a élevé un temple dans un champ destiné aux assemblées nationales. On a entassé des fagots de menu bois, et on en a fait une pile de trois stades en longueur et en largeur, et moins en hauteur. Au haut de cette pile chaque tribu scythe avait planté un vieux cimeterre de fer qui leur représentait une sorte de Dieu. Ils offraient tous les ans à ce cimeterre des sacrifices de chevaux et d'autres animaux; ils lui sacrifiaient aussi le centième de tous les prisonniers qu'ils faisaient sur leurs ennemis (1).

Outre cela, ils allaient en pèlerinage à un en-

(1) Marcelin dit des Huns :
« Nec templum apud eos videtur aut delubrum....., sed gladius barbarico ritu humi figitur nudus, eumque ut martem colunt. »

droit appelé *Exampeos;* peut-être aussi, pour s'y livrer en même temps à des exercices et y célébrer des tournois guerriers.

C'est en vain que M. Charles Ritter essaye de convertir ce mot en *Hexenphade* ou *sentier du chanvre* pour prouver que les Scythes appartiennent à la race indo-germanique; dans un endroit marécageux le chanvre ne vient pas : donc sous le nom *Exampeos* il faut aussi chercher un mot scythique et ce sera le hongrois *Zsombékos,* qui veut dire un endroit couvert de joncs.

Je ferai remarquer qu'à cette époque il n'y avait pas d'instituts, pas de sociétés savantes comme aujourd'hui; et nous devons remercier le père des historiens d'avoir conservé, quoique tronqués, ces quelques mots pour la postérité !

Les devins furent en grand nombre parmi les Scythes, et se servaient de baguettes de saule pour exercer la divination. Ils apportaient des faisceaux de baguettes, les posaient à terre, les déliaient et lorsqu'ils avaient mis à part chaque baguette, ils commençaient à prédire l'avenir.

Pendant qu'ils faisaient ces prédictions, ils reprenaient les baguettes l'une après l'autre et les remettaient ensemble (1).

« Les Scythes faisaient leurs traités de la manière suivante : ils versaient du vin dans une grande coupe de terre, et les contractants y versaient de leur sang, en se faisant de légères incisions avec une alêne ou avec la pointe d'une épée; après quoi ils trempaient dans cette coupe un cimeterre, des flèches, une hache et un javelot. Ces cérémonies achevées, ils buvaient une partie de ce qui était dans la coupe, et après eux, les personnes les plus distinguées de leur suite. »

Le Hongrois connaît la légende sur le traité qu'Arpad le Conquérant fit exactement de la

---

(1) Les Huns se servaient de baguettes de saule :

« Futura miro præsagiunt modo : nam rectiores virgas vimineas colligentes, easque cum incantamentis quibusdam secretis præstituto tempore discernentes aperte quid portendatur norunt. »   Lib. XXXI, c. 11.

même manière avec les sept généraux, après s'être emparé de toute la contrée; et comme le mot *traité* se traduit en langue hongroise par *Szer*, la plaine déserte où le traité a été fait se nomme encore aujourd'hui *Puszta-Szer*, endroit bien connu des Hongrois.

« Quand le roi mourait, on portait son corps sur un char dans une autre province dont les habitants se coupaient un peu de l'oreille, se rasaient les cheveux autour de la tête, se faisaient des incisions aux bras, se déchiraient le front et se passaient des flèches à travers la main gauche. De là on continuait à transporter le corps du roi dans les autres provinces de ses Etats, et les habitants de celle où il avait été porté d'abord suivaient le convoi. Quand on lui avait fait parcourir toutes les provinces et toutes les nations soumises à son autorité, il était arrivé à l'extrémité de la Scythie; on le plaçait alors dans le lieu de sa sépulture, sur un lit de verdure et de feuilles entassées. On plantait ensuite autour du corps des piques, et on posait par-dessus des pièces de bois, qu'on couvrait de branches de saule.

« On mettait dans l'espace vide de cette fosse une des concubines du roi, qu'on avait étranglée auparavant, son échanson, son écuyer, son cuisinier, son ministre, un de ses serviteurs, des chevaux; en outre, toutes les choses à son usage et des coupes d'or : ils ne connaissaient en effet ni l'argent ni le cuivre.

« Cela fait, ils remplissaient la fosse de terre, et travaillaient tous à l'envi à élever sur le lieu de sa sépulture un tertre immense.

« L'année révolue, ils étranglaient une cinquantaine de ses serviteurs les plus fidèles, avec un pareil nombre de ses plus beaux chevaux; ils les plaçaient chacun sur un cheval autour du tombeau, après quoi ils s'en allaient.

« Telles étaient les funérailles qu'ils faisaient à leurs rois. Lorsque les autres Scythes meurent, leurs parents les plus proches les conduisent étendus sur un char chez leurs amis; chacun de ceux qui les accueillent *festoie* sa suite et offre au cadavre les mêmes choses qu'aux convives. Ils le promènent ainsi pendant quarante jours, après quoi ils l'enterrent, puis ils se purifient. »

Telle était donc la nation à laquelle Darius déclara la guerre l'an 514 avant J.-C., sous prétexte de venger l'injure faite aux Mèdes par les Scythes lors de la défaite de Cyaxare.

Les Scythes considérèrent qu'à eux seuls il était impossible de repousser l'armée de Darius; ils envoyèrent donc des députés chez leurs voisins : or, les rois de ces contrées délibérèrent, tandis que s'avançaient les immenses forces de l'ennemi.

Lorsque les Scythes eurent exposé leur message, les rois, qui étaient venus de plusieurs contrées, délibérèrent, et leurs opinions furent partagées. Quoique les envoyés scythes eussent plaidé assez chaleureusement la cause de leurs nationaux, leur demande fut catégoriquement repoussée par la majorité des rois.

En conséquence, les Scythes adoptèrent une

tactique qui devait les conduire à la victoire :
c'était de fuir vers le Nord sur leurs chariots,
en détruisant tout sur leur passage, en entraî-
nant dans les profondeurs des forêts et des
marécages un ennemi sans cesse harcelé par
une nombreuse cavalerie légère, et de l'épuiser
par des fatigues et le manque de vivres.

Darius, voyant qu'il aurait beaucoup de peine
à en venir à bout, envoya un cavalier à leur
roi, avec ordre de lui parler en ces termes :
« O le plus misérable des hommes, pourquoi
fuis-tu toujours lorsqu'il est en ton pouvoir de
t'arrêter et de me livrer bataille, si tu te crois
assez fort pour me résister? Si, au contraire,
tu te sens trop faible, cesse de fuir devant
moi; entre en conférence avec ton maître, et ne
manque pas de lui apporter la terre et l'eau
comme un gage de ta soumission. »

« Roi des Perses, répondit le Scythe, voici
l'état de mes affaires : la crainte ne m'a point
fait prendre la fuite, et maintenant je ne te
fuis pas. Je ne fais actuellement que ce que

j'avais coutume de faire en temps de paix. Mais je vais te dire pourquoi je ne t'ai pas combattu sur-le-champ. Comme nous ne craignons ni qu'on prenne nos villes, puisque nous n'en n'avons point, ni qu'on fasse du dégât sur nos terres, puisqu'elles ne sont point cultivées, nous n'avons pas de motif pour nous hâter de donner bataille. Si cependant tu veux absolument nous y forcer au plus tôt, nous avons les tombeaux de nos pères ; trouve-les et essaye de les renverser : tu connaîtras alors si nous combattrons pour les défendre. Nous ne te livrerons pas bataille auparavant, à moins que quelque bonne raison ne nous y oblige. Au lieu de la terre et de l'eau, je t'enverrai des présents plus convenables. Quant à toi, qui te vantes d'être mon maître, tu en pleureras (1). »

Les Scythes, s'étant aperçus de l'embarras des Perses, eurent recours à cet artifice, pour

(1) Ce dicton scythe existe encore chez les Hongrois : « Maïd megh chiratod azt. » Il a d'autant plus d'importance qu'on le prononce seulement dans les circonstances graves et solennelles.

les faire rester plus longtemps en Scythie et les tourmenter par l'extrême disette de toutes choses. Ils leur abandonnèrent quelques-uns de leurs troupeaux avec ceux qui les gardaient et se retirèrent dans un autre canton. Les Perses se jetèrent sur ces troupeaux et les enlevèrent.

Ce premier succès les encouragea et fut suivi de plusieurs autres; mais enfin Darius se trouva dans une extrême disette. Les Scythes en étant instruits lui envoyèrent un héraut avec des présents qui consistaient en un oiseau, un rat, une grenouille et cinq flèches. Les Perses demandèrent à l'envoyé ce que signifiaient ces présents? Il répondit qu'on l'avait seulement chargé de les offrir et de s'en retourner aussitôt après; qu'il les exhortait cependant, s'ils avaient de la sagacité, à tâcher d'en pénétrer le sens.

Dans un conseil tenu à ce sujet, Darius prétendait que les Scythes lui donnaient la terre et l'eau comme un gage de leur soumission. Il le conjecturait, sur ce que le rat naît dans la terre et se nourrit de blé ainsi que l'homme ; que la grenouille s'engendre dans l'eau ; que l'oiseau a beaucoup de rapport au cheval et qu'enfin les Scythes, en lui donnant des flèches, lui livraient leurs forces. Tel fut le sentiment de Darius. Mais Gobryas, l'un des sept qui avaient détrôné le Mage, fut d'un autre avis. « Perses, leur dit-il, ces présents signifient que si vous ne vous envolez pas dans les airs comme des oiseaux, ou si vous ne vous cachez pas sous terre comme des rats, ou si vous ne sautez pas dans les marais comme des grenouilles, vous ne reverrez jamais votre patrie, mais que vous périrez par ces flèches. »

Après l'envoi des présents, le reste des Scythes se mit en ordre de bataille vis-à-vis des Perses, tant l'infanterie que la cavalerie, comme s'ils avaient voulu en venir aux mains. Mais, tandis qu'ils étaient ainsi rangés en bataille, un lièvre se leva entre les deux armées. Ils ne l'eurent pas plutôt aperçu, qu'ils le poursuivirent en jetant de grands cris. Darius demanda quelle était la cause de ce tumulte, et, sur ce qu'on lui répondit que les Scythes couraient après un lièvre, il dit à ceux d'entre les Perses avec qui il avait coutume de s'entretenir : « Ces hommes-ci ont pour nous un grand mépris. L'interprétation qu'a donnée Gobryas de leurs présents me paraît actuellement juste. Mais, puisque son sentiment me semble vrai, je pense qu'il nous faut un bon conseil pour sortir sains et saufs de ce pas dangereux. »

« Seigneur, répondit Gobryas, je ne connaissais la pauvreté de ces peuples que par ce qu'en publiait la renommée; mais, depuis notre arrivée, je la connais mieux en voyant de quelle manière ils se jouent de nous. Ainsi je suis d'avis qu'aussitôt que la nuit sera venue on allume des feux dans le camp, selon notre coutume, et qu'après avoir engagé la partie de l'armée la moins propre aux fatigues à y rester, nous partions avant que les Scythes aillent droit à l'Ister pour en rompre le pont, et avant que les Ioniens prennent

5

une résolution capable de nous faire périr. »

Darius suivit le conseil de Gobryas, et dès que la nuit fut venue, il se sauvait à grande vitesse. On connaît le reste : d'une armée de 700,000 hommes à qui Darius avait fait passer le Bosphore de Thrace, il ne ramena que 80,000 combattants.

Après l'expédition de Darius, que se passe-t-il chez les Scythes? C'est la question qui nous reste à résoudre. Concernant ce point essentiel, voici ce que nous dit Diodore : « La nation, considérablement accrue, eut successivement plusieurs rois célèbres, qui donnèrent même leur nom à différentes tribus. Après un long cours d'années, ces tribus, considérablement augmentées, dévastèrent une grande étendue de pays en Scythie, et comme elles mettaient à mort sans exception tous ceux qu'elles avaient vaincus, elles firent un désert de la majeure partie de la contrée. »

A quelle époque ont éclaté ces dissensions meurtrières qui ont séparé les Scythes de leurs colonies? Diodore ne la mentionne point. Mais

Dubois de Montpereux, dans son ouvrage cité plus haut, dit textuellement ce qui suit : « L'archevêque Szisztrenczovicz de Bohusz, dans ses recherches historiques sur l'origine des Sarmates, fixe à l'an 380 avant J.-C. l'époque où les Sarmates attaquèrent les Scythes-Kazares en Asie et en Europe. »

Je n'ai nulle part trouvé des épisodes de ce drame sanglant; mais, quels que soient les événements qui ont rempli cette période de l'histoire des Scythes et de leurs colonies, il est clair que les Scythes ne furent point anéantis. Ainsi nous savons par Plutarque que Philippe, roi de Macédoine, fit une expédition contre les Scythes 343 ans avant J.-C.; il reçut même à la jambe une blessure, à la suite de laquelle il resta pendant toute sa vie boiteux.

Plus tard, son fils Alexandre, en 325 av. J.-C., les trouve dans leurs anciens cantonnements, comme ce fait est relaté par Quinte-Curce dans son histoire sur la vie d'Alexandre, lors de son passage sur le Tanaïs.

Le discours que l'historien romain fait tenir par les envoyés scythes au grand roi, m'a paru tellement beau, si plein d'actualité que, pour bien peindre cette nation barbare, je l'ai copié ici mot pour mot, d'après la belle traduction de MM. Auguste et Alphonse Trognon.

« Déjà tout était prêt pour le passage, lorsque vingt députés des Scythes entrèrent, selon l'usage de leur pays, à cheval dans le camp, et firent annoncer au roi qu'ils avaient une mission à remplir auprès de lui. Admis dans sa tente, et invités à s'asseoir, leurs regards étaient fixés sur le visage d'Alexandre ; sans doute, pour des hommes accoutumés à juger la grandeur de l'âme par les proportions du corps, sa taille médiocre semblait mal répondre à sa renommée.

« Les Scythes, au reste, n'ont pas, comme les autres barbares, l'esprit grossier et sans culture : il en est, dit-on, parmi eux, qui ne sont pas étrangers aux maximes de la sagesse, autant du moins qu'elle peut se rencontrer chez une nation toujours armée. Voici, d'après ce que l'on rapporte, comment ils parlèrent au roi. On trouvera peut-être leur éloquence bien étrangère à nos mœurs, qui ont l'avantage d'un temps et d'une civilisation plus éclairés; mais le mépris qu'on pourra faire de leur discours ne doit pas s'étendre à la fidélité de l'historien qui recueille les traditions quelles qu'elles soient sans les altérer. Il a donc été raconté que l'un d'eux, le plus avancé en âge, s'exprima en ces termes.

« Si les dieux eussent voulu égaler la gran-
« deur de ton corps à l'avidité de son esprit,
« l'univers ne te contiendrait pas : d'une main
« tu toucherais l'Orient, de l'autre l'Occident;
« et, parvenu à ce terme, tu voudrais savoir
« où vont se cacher les feux de l'astre puissant
« qui nous éclaire. Tel que tu es, tu désires
« ce que tu ne peux embrasser ! De l'Europe
« tu vas en Asie, de l'Asie tu passes en Eu-
« rope; et lorsque enfin tu auras mis sous tes
« lois toute l'espèce humaine, tu iras sans doute

« faire la guerre aux forêts, aux neiges, aux
« fleuves et aux bêtes sauvages. Eh quoi !
« ignores-tu que les grands arbres sont long-
« temps à croître, et qu'une seule heure les
« déracine ? Il n'y a qu'un fou qui en considère
« les fruits sans en mesurer la hauteur. Prends
« garde, en cherchant à atteindre leur cime, de
« tomber avec les branches mêmes que tu auras
« saisies. Le lion lui-même a été quelquefois
« la pâture des plus chétifs oiseaux ; et le fer
« a la rouille qui le dévore. Rien de si fort qui
« n'ait à craindre quelque danger de l'être le
« plus faible. Qu'y a-t-il entre toi et nous ? Ja-
« mais nous n'avons mis le pied sur ton terri-
« toire : dans les vastes forêts où nous vivons,
« ne nous est-il pas permis d'ignorer qui tu es,
« et d'où tu viens ? Nous ne pouvons être
« esclaves pas plus que nous ne désirons être
« maîtres de personne. Veux-tu connaître la
« nation des Scythes ? Ce qu'elle a reçu en
« partage se borne à un attelage de bœufs, une
« charrue, une flèche, une lance et une coupe.

« Nous avons là de quoi répondre à nos amis
« et à nos ennemis. A nos amis nous donnons
« les biens que nous procure le travail de nos
« bœufs; la coupe nous sert à offrir avec eux
« des libations aux dieux : quant à nos enne-
« mis, nous les combattons de loin avec la
« flèche, de près avec la lance. Ainsi nous
« avons vaincu le roi de Syrie, et ensuite ceux
« des Perses et des Mèdes : ainsi nous nous
« sommes frayé un chemin jusqu'en Egypte.

   «Mais toi, qui te vantes de venir poursuivre
« des brigands, pour toutes les nations que tu as
« visitées, qu'es-tu autre chose qu'un brigand?
« Tu as enlevé la Lydie, tu t'es emparé de la
« Syrie, tu occupes la Perse, tu es maître de la
« Bactriane, tu as pénétré dans les Indes; et
« voilà que tu étends jusque sur nos troupeaux
« tes mains avides et inquiètes. Qu'as-tu besoin
« de richesses qui ne font que te rendre plus affa-
« mé? Tu es le premier chez qui la faim soit née
« de la satiété; plus tu possèdes, plus tu con-
« voites ardemment ce que tu ne possèdes pas.

« As-tu donc oublié depuis combien de temps
« tu es arrêté à la conquête de la Bactriane ?
« Tandis que tu la soumets, les Sogdiens ont
« commencé à prendre les armes : la guerre
« naît pour toi de la victoire. Car tu as beau
« être le plus grand et le plus puissant des
« hommes, personne ne veut souffrir un étran-
« ger pour son maître. Passe seulement le
« Tanaïs, tu sauras jusqu'où s'étendent nos
« contrées : jamais cependant tu n'atteindras
« les Scythes ; notre pauvreté sera plus agile
« que ton armée, chargée du butin de tant de
« nations. Au moment où tu nous croiras le
« plus éloignés, tu nous verras dans ton camp :
« nous poursuivons et fuyons avec la même
« rapidité. J'entends dire que les solitudes de
« la Scythie ont même passé en proverbe chez
« les Grecs : pour nous, les lieux déserts et
« étrangers à la culture humaine ont plus de
« charme que les villes et les campagnes.

« Ainsi donc serre bien étroitement entre tes
« mains ta fortune ; elle est glissante et on ne

« saurait la retenir malgré elle. L'avenir, mieux
« que le temps présent, te fera connaître la
« sagesse de ce conseil. Mets un frein à ta
« prospérité, tu ne l'en gouverneras que mieux.
« On dit, chez nous, que la fortune est sans
« pieds, qu'elle n'a que des mains et des ailes :
« lorsqu'elle présente les mains, elle ne permet
« pas que ses ailes soient en même temps sai-
« sies. Enfin, si tu es un dieu, tu dois répandre
« des bienfaits sur les mortels, et non leur en-
« lever ce qu'ils possèdent ; si tu n'es qu'un
« homme, songe toujours à ce que tu es, et ne
« crois pas être autre chose. C'est folie de te
« nourrir de pensées qui te forcent à t'oublier
« toi-même. Ceux à qui tu n'auras point porté la
« guerre pourront être pour toi des amis fidèles ;
« car c'est entre égaux que l'amitié est la plus
« solide, et il y a égalité tant que l'on n'a pas
« fait un mutuel essai de ses forces. Ceux que
« tu auras vaincus, garde-toi de les prendre
« pour tes amis : entre le maître et l'esclave
« nulle amitié n'est possible ; même au sein de

5.

la paix subsistent les droits de la guerre.

« Et ne crois pas que les Scythes sanctionnent
« par le serment leur alliance : garder leur
« foi, c'est là pour eux le serment. Ces pré-
« cautions sont bonnes pour les Grecs, qui ap-
« posent un sceau à leurs actes et invoquent le
« témoignage des dieux : la religion c'est dans
« la fidélité même à nos engagements que
« nous la plaçons. Qui ne respecte pas les
« hommes trompe les dieux. Et tu n'as pas
« besoin d'un ami dont la bienveillance te se-
« rait suspecte. Au reste, tu trouveras en nous
« des sentinelles placées à la porte de l'Asie et
« l'Europe : sauf le Tanaïs, qui nous en sépare,
« nous touchons à la Bactriane; au delà du
« Tanaïs nous étendons nos demeures jusqu'à
« la Thrace, et la Thrace, dit-on, confine à la
« Macédoine. Voisins de tes deux empires, c'est
« à toi de voir si tu nous veux pour ennemis
« ou pour amis. »

Ainsi parla le barbare.

Le roi leur répondit qu'il s'en rapporterait à

sa fortune et à leurs conseils pour ne rien faire de téméraire ou de hasardeux. Les ayant ensuite congédiés, il embarqua son armée sur des radeaux qu'il avait fait construire. Le roi, avec la troupe d'élite qui l'accompagnait, mit le premier son radeau en mouvement et commanda que l'on gouvernât vers l'autre rive; mais en face de lui étaient les Scythes avec leur cavalerie dont les rangs s'étaient avancés jusque sur les bords du fleuve.

Déjà les radeaux touchaient la terre lorsque la troupe, armée de boucliers, se lève tout ensemble et, libre alors dans ses mouvements, lance ses javelots d'une main assurée. Les chevaux effrayés reculent; pleins d'ardeur, à cette vue ils s'encouragent mutuellement et s'élancent à terre.

Le trouble était dans les rangs des barbares; ils les chargèrent avec vigueur tandis que ceux des cavaliers qui avaient leurs chevaux bridés achevaient de rompre la ligne de l'ennemi.

Il fut alors impossible aux barbares de soute-

nir le regard, ni le cri, ni les armes des Macédoniens ; il n'y avait parmi eux que de la cavalerie et, tous, ils prirent la fuite à bride abattue.

Après cette défaite, les Szakes envoyèrent
une députation chargée d'apporter au roi leur
soumission. Ce qui les y déterminait encore,
c'était moins peut-être la valeur du prince que
sa clémence envers les Scythes après la victoire.
Il leur avait, en effet, renvoyé tous leurs prisonniers sans rançon, pour montrer, qu'avec le
peuple le plus belliqueux de l'Asie, il n'avait
point combattu par haine, mais disputé le prix
du courage.

Ainsi, jusqu'à l'époque à laquelle vivait
Alexandre, nous trouvons les Scythes can-
tonnés dans les bassins du Don et du Danube ;
mais la mort de ce conquérant devient le point
de départ de grands événements dans l'histoire
des nations scythiques, comme nous le verrons
plus loin.

Peu après la mort d'Alexandre, son immense
empire ayant été partagé entre ses généraux,

une guerre acharnée éclata parmi leurs successeurs. Les Scythes ayant participé à la guerre de succession s'éloignèrent de plus en plus de leur pays; nous les voyons combattre avec Eumènes contre Antipater, plus tard avec les successeurs de Séleucus.

L'empire romain aussi étend de plus en plus ses limites; petit à petit, il engloutit les peuples qui sont incapables de lui résister : c'est alors que se lève Mithridate, roi de Pont, qui recrute sa vaillante armée parmi les Scythes, pour tenir tête aux conquérants du monde.

D'un autre côté les Goths, ces descendants des anciens Kimmériens, étant expulsés de la presqu'île de Scandinavie avancent vers l'est et, comme nous le savons par l'histoire, ils fondent un puissant empire sur les bords de la mer Noire.

Tous ces événements eurent pour conséquence que la plus grande partie des Scythes abandonna les plaines du Don et du Danube et occupa peu à peu les steppes de la mer Caspienne et celles du lac d'Aral pour former un nouvel empire; l'autre partie étant restée dans son ancien cantonnement avait été absorbée par les nouveaux conquérants et, avec le temps, s'était assimilée à eux; leurs descendants sont de nos jours les Finnois (1), et d'autres tribus habitant la Russie septentrionale.

Pendant le premier siècle de l'ère chrétienne, Strabon ne connaît plus entre l'Ister et le Don, c'est-à-dire dans toute l'étendue de l'ancienne Scythie d'Hérodote, que des Gètes, des Sarmates, des Bastarnes et des Roxolans; Pomponius Méla étend l'empire des Sarmates des limites de la Germanie aux confins de l'Asie, il ne connaît de Scythes qu'aux extrémités de

---

(1) *Fenni*, mot hongrois qui signifie « le dessus, la partie supérieure d'un objet quelconque; il correspond au breton *phenn*, qui veut dire : « la tête. » De là vient le mot *Fenni,*— nom générique, qui désigne les habitans des hautes contrées, comme le nord de la Russie, dont on a formé le mot corrompu Finnois ou Finnland.

l'Europe septentrionale. A partir de cette époque les Scythes ne paraissent plus en Europe comme nation indépendante.

On peut donc conclure que la race des Scythes d'Hérodote est entièrement éteinte avec cette première couche. Aujourd'hui ils ne vivent que dans leur colonie, dans les Sarmates qui sont les descendants des Amazones.

Les As ou Os du moyen âge, les Médo-Scythes des chroniques géorgiennes ne sont autres que les *Jaziges* des auteurs latins; ils s'appelaient *Jazok*, ou archers, dont les Latins formaient le nom de Jazyges ou Jasoughi.

Au commencement du quatrième siècle ils habitaient les bords du Tanaïs et du Palus-Méotide; vaincus par les Goths, ils se divisèrent en trois corps: le premier s'est établi sur le Tanaïs; le second, sur le Borysthènes et Dniéper; le troisième, entre le Danube et la Theiss. Les deux premiers furent tributaires des Goths; le troisième, à cause de sa position en

tre la Pannonie et la Dacie-Trajane, vécut sou
la protection romaine. On leur donna le nom
Jazyges métanastes ou transplantés.

« Les femmes des Sauromates, dit Hipp
crate, montent à cheval, tirent de l'arc, lance
le javelot de dessus le cheval et vont à la guer
tant qu'elles sont filles. Elles ne se marie
point qu'elles n'aient tué trois ennemis, et r
cohabitent point avec leur mari qu'elles n'aie
fait les cérémonies sacrées prescrites par
loi. Les femmes mariées cessent d'aller à ch
val, à moins qu'il ne soit nécessaire de faire u
expédition générale. » (*De aeribus, aquis
locis.* Hippocrate.)

« Les Jazyges, dit Valérius Flaccus, ne co
naissent pas les infirmités de la vieillesse. Lo
qu'ils sentent leurs forces s'affaiblir et qu'
ne peuvent lancer leurs javelots, ni band
leur arc, fidèles à l'exemple de leurs brav
ancêtres, ils vont eux-mêmes au-devant de
mort; et remettant le fer fatal aux mains d'u
de leurs enfants, ils font voir un père et u

fils également courageux, également malheureux par l'excès de leur courage. »

Ce peuple laissa des descendants non moins belliqueux que lui; ce furent les Jazok's de la Hongrie, dont les Os ou Ossèthes du Caucase sont une branche collatérale; les premiers se sont confondus avec les Hongrois et Magyars et encore aujourd'hui, ils offrent le plus remarquable spécimen de la beauté virile et féminine, beauté devenue proverbiale; les seconds ont bien gardé leur type et leur langue nationale dans laquelle on peut facilement découvrir les mots scythiques qui désignent leur origine commune.

Le mot *amazon*, qu'Hérodote et les savants après lui ont traduit d'une manière fautive par *oïor pata*, ou « tueuse d'hommes, » signifie d'après l'étymologie des Osses : « femmes tueuses; » *amar occidere* ou tuer (infinitif); *azzon*, femme, en hongrois *aszony*, d'ici *amaazzon* ou contracté *amazzon*, « femmes tueuses. »

IV

FONDATION DE L'EMPIRE HUNNIQUE

(240 ANS AVANT J.-C.)

Maintenant, pour que nous soyons en mesure de suivre les événements qui se passent dans l'Asie centrale; jetons un coup d'œil sur une carte géographique.

Le haut plateau qui s'étend de la mer Caspienne à l'extrémité de la presqu'île de la Corée d'une part; des frontières du Thibet et de l'empire chinois, à la pointe la plus éloignée de l'hémisphère boréal, de l'autre, a été appelé dans l'ancien temps *la Scythie*. — Les montagnes d'Altaï ou Tihan-Chan ou Imaüs le divisent en deux parties : *Scythia intra et extra Imaum*. Ces immenses steppes, ces vastes solitudes forment aujourd'hui la grande Sibérie, le Turkestan et une partie de l'empire chinois;

pendant que la partie du nord est couverte de neiges éternelles, les plaines ne sont qu'une mer de sable où règne une chaleur tropicale.

Néanmoins, la féconde nature avait placé des habitants dans ces solitudes : là, erraient depuis un temps immémorial des myriades de tribus nomades. — Comme dédommagement, l'empire chinois leur fut donné pour voisin. Aussi, lorsque le nomade de ses collines sablonneuses eut contemplé les plaines fertiles, les riches pâturages et les innombrables troupeaux de Kenszi, Kanszi et Pétchéli, il s'écria : qu'il n'avait pas peur de la famine ; car, disait-il, « c'est avec la pointe de mon épée que je vais labourer, semer, récolter et faire la vendange. »

L'empire chinois à cette époque était gouverné par de nombreux petits rois confédérés ; tous les trois ou cinq ans ils s'assemblaient et élisaient celui d'entre eux qui devait être chef du pouvoir exécutif. Il arriva qu'un de ces chefs élus, le roi d'une petite province nommé Tchin, roi de Tchi, s'empara du pouvoir exécutif ; lors-

qu'il eut vaincu ou anéanti les rois ses frères,
de tous leurs États il fit un seul empire, il s'en
proclama l'autocrate et prit le titre majestueux
de *Hoangti* qui signifie *Auguste*, en se faisant
appeler *Tchin-Tchi-Hoangti*, 240 ans av. J.-C.

Les peuples nomades jusqu'à cette époque
n'ont fait dans l'empire chinois que quelques
incursions sans importance; mais cette fois les
relations changent : le puissant, le victorieux
Tchin-Tchi-Hoangti, fait élever la fameuse muraille; il la garnit de fortifications qu'il fait
occuper par une armée régulière. La conséquence fut que les peuples nomades se trouvèrent dans une situation peu agréable : ou ils
devaient absolument renoncer à leur ancien *mo-
dus vivendi*, c'est-à-dire au vol et au pillage,
et chercher d'autres moyens d'existence; ou
il leur fallait penser au moyen de résistance,
pour contrecarrer les projets du fougueux conquérant chinois.

Ils étaient donc à la recherche d'un chef courageux et entreprenant qui devait connaître

l'art de conduire ces expéditions hasardeuses
où l'on semblait partir pour la chasse, et d'où
l'on revenait avec un butin de guerre. — Ils trouvèrent ce conducteur dans le chef des Huns,
que les historiens chinois appellent Teou-Man;
ce fut là le principal, presque l'unique moyen,
par lequel le Hun put en peu de temps réunir
tous ces éléments hétérogènes et accroître d'une
manière prodigieuse le puissant empire hunnique, à côté et en face de la Chine, 230 ans
av. J.-C.

« Au nord des frontières septentrionales des
provinces de Khenszi, Khanszi et de Petcheli,
habitait autrefois une nation célèbre qui a
donné naissance à celles que nous avons connues sous les noms de Huns, de Turcs, de Mongols, de Hongrois et de Tartares; elle paraît
commencer avec la monarchie chinoise, puisque
dès le temps de l'empereur *Yao* qui florissait vers
l'an (2000) deux mille avant J.-C., les historiens chinois nous apprennent qu'elle était appelée *Chan-Yong*, c'est-à-dire *Barbares de la*

montagne. Sous la première dynastie impériale de la Chine nommée *Hia,* ces barbares portèrent le nom de *Tchong-hyo ;* et enfin sous celle des *Hans* on les a nommés Hiong-nou, mot corrompu par les Chinois et dont la vraie prononciation, qui nous est également inconnue, a formé le nom des Huns, Hunni devenus célèbres par les incursions que ces peuples ont faites en Europe. » (DE GUIGNES, *Histoire des Huns.*)

Nul doute que ces différentes dénominations correspondent au mot hongrois *Csapongo* (*rôdeur, errant, vagabond*) dont les dernières syllabes formaient le nom corrompu *Hiong-nou* des Chinois, et le *Hun* des historiens du Bas-Empire.

Dans les ouvrages des auteurs français de Guignes, Visdelou, le Père Maillet, d'Herbelot, qui ont traité des affaires de la Chine, nous trouvons des mots tels que *Si-van, Baran-ghoo-ro, Tza pi oongho ;* tous correspondent aux mots hongrois *Zsivan, Barangolo, Csapongo,* qui veulent dire *brigands, rôdeurs, vagabonds.*

Ainsi que nous venons de le voir, il y avait

déjà longtemps que les historiens chinois connaissaient les Huns, bien que dans leurs travaux
ils ne les aient pas mentionnés avec détail.
Est-ce que leurs incursions n'étaient pas fréquentes? Est-ce que leurs pillages, leurs déprédations sur les frontières de la Chine n'étaient
pas aussi importants qu'ils le devinrent ensuite?
Mais, à partir de cette époque, leur histoire se
divise en deux parties : la première traite des affaires de l'empire chinois; la seconde de celle
des Tartares Hiong-nou dont se forma le nom
des *Huns*, en hongrois *Csapongo*.

Et comme jusqu'ici il nous manque les écrits
des Huns eux-mêmes, nous devons nous adres-
ser aux grands historiens chinois, tels que Litaï
Kisse et Sse Mathsian, dont les ouvrages sont
estimés par les historiens modernes du Céleste
Empire autant que celui d'Hérodote par nos
historiens.

En doit-on conclure qu'il faudrait définitive-
ment renoncer à trouver des documents authentiques sur les Huns? Nous ne devons pas igno-

rer que les Huns, à cette époque, étaient bi
plus avancés et moins incultes que ceux do
nous avons les tableaux peints par les historie
grecs et latins du moyen âge.

Nous voyons par exemple dans le travail co
sciencieux de de Guignes où j'ai puisé m
étude, et dans d'autres ouvrages de ce genr
que les khans des Huns prenaient très-souve
pour femmes des princesses de la cour im¡
riale; en temps de paix ils correspondaient av
l'empereur de la Chine et chaque souvera
écrivait dans sa propre langue; l'aristocra
hunnique élevait ses enfants à la manière cl
noise, et les deux cours se faisaient réciproqu
ment représenter par un ambassadeur.

Ainsi, nous pouvons présumer après tant
preuves que, s'ils ne nous ont pas laissé c
travaux d'histoire méthodiquement élaborés,
ne s'en sont pas moins approprié la fines
chinoise : nous trouverons plus tard, lorsq
nous pourrons fouiller dans la littérature
dans les archives chinoises, des documents ¡

rement hunniques; ils nous aideront alors à mieux connaître ce peuple qui a joué un rôle si important.

L'existence du puissant empire hunnique date de la même époque que la construction de la fameuse muraille de Chine; deux grands événements dont l'un avait engendré l'autre. Le puissant et victorieux Tchin-Tchi-Hoangti avait fait élever la grande muraille pour empêcher l'invasion et la dévastation des nomades; ceux-ci, à leur tour, pour défier les Chinois, se réunissent et fondent un puissant empire. Teou-Man Kha-Khan fut, des Huns, le premier chef qui, sur un libre terrain, sur le champ de bataille, s'était mesuré avec les Chinois; mais, ce fut plutôt son fils Mété qui réunit tous ces nomades en un faisceau et proclama l'unité de l'empire hunnique.

Après avoir affermi son autorité, son premier soin fut de diviser son empire en deux parties : en région du Nord et en région du Sud; à chacune il donna un vice-roi pour la gouverner.

6

Pour connaître sa force il fit un démembrement général; les hommes capables de porter les armes furent divisés en Déka (dizaine), Szedak (centaine), Hézaredek (mille); il donna à chaque corps d'armée de dix mille hommes un général ou commandant.

Cette division des armées tartares resta en vigueur parmi les races mongoles jusqu'au temps du conquérant Dzsingis-Khan.

La puissance des Huns avait atteint son apogée l'an 99 avant J.-C. C'est à cette époque que l'armée des Huns a tout à fait écrasé celle des Chinois réunie sur les bords de la rivière Hoam près de Tihan ; le général chinois, Ling, s'étant rendu aux Huns avec son armée, il fut reçu par le Kha-Khan, avec tous les honneurs dus à son rang ; celui-ci le combla de ses faveurs et lui donna sa fille en mariage.

D'un autre côté, l'un de ses généraux près Tokaï, dans la terre des Ujgours, avait dispersé la seconde armée de l'empereur.

Hantchou, historien chinois, rapporte, en parlant des événements de cette période, que la puissance des Huns était arrivée à son plus haut point de splendeur et que de nom, sinon de fait, c'est le Hun qui régnait dans l'empire chinois ; il s'en fallait de peu que sur le trône des empereurs chinois ne fût assis un homme de la race hunnique.

Mais, peu de temps après leur élévation commençait la décadence de la nation. Quarante-neuf ans avant notre ère, Pou-nou Kha-Khan, le puissant général des Huns, étant mort, la dissension éclata parmi ses enfants au sujet de la succession au trône.

Par leurs intrigues, les Chinois fomentèrent la guerre civile et atteignirent leur but. Comme il y avait deux Kha-Khans parmi les Huns, l'un dans la partie du Nord, l'autre dans celle du Sud — et de cette manière le pouvoir exécutif étant affaibli, ils tentèrent d'anéantir l'une des parties par l'autre.

Le Kha-Khan du Midi ayant épousé une princesse chinoise, le gouvernement chinois le secourut de ses armes et de son argent afin d'affaiblir et même d'anéantir celui du Nord; celui-ci, ne pouvant plus résister à la force combinée des Huns et des Chinois, s'était retiré avec ses partisans vers le nord aux sources du Jaïck et du Volga.

Le reste des Huns du Nord qui préféraient le pays natal à l'émigration, se tinrent quelque temps en repos pour ne pas s'exposer aux attaques des Chinois; mais dès qu'ils furent devenus plus puissants, ils reprirent leurs vieilles habitudes et firent des incursions dans l'empire, volèrent, pillèrent *more patrio*.

Les Chinois, las à la fin de leurs continuelles angoisses et de ces déprédations, prirent le parti d'en finir une bonne fois avec ces voisins incommodes. L'empereur Mimti envoya contre eux la fameuse expédition conduite par son général expérimenté Pantchao, avec ordre de les exterminer jusqu'au dernier.

Les deux armées se rencontrèrent près de la montagne Kalo (Kalo-tchan) le long de la rivière Halovan (Haloveng-Kiang); des deux côtés on se battit avec acharnement, car on savait que c'était une question de vie ou de mort pour tous deux.

Au commencement, la cavalerie hunnique parut gagner du terrain; les Chinois furent refoulés en plusieurs endroits : mais, vers la fin de la journée, la civilisation chinoise vainquit totalement la barbarie nomade. Par un bonheur providentiel pour les Chinois, un vent qui se leva subitement entre les deux armées, porta du sable brûlant sur le camp des Huns et les aveugla; à ce signe céleste, les Huns se voyant perdus se débandèrent et s'enfuirent dans le plus grand désordre; pour les exterminer complétement, la cavalerie chinoise les poursuivit jusqu'à la tombée de la nuit.

Dans ce combat meurtrier les Huns furent totalement écrasés par les Chinois; grâce à la nuit, leur race ne fut point détruite entièrement.

Le général Pantchao, en souvenir de cette

6.

grande victoire, fit ériger un monument digne de la journée; l'inscription fut rédigée par son frère, le poëte et historien chinois Pankou. Cette mémorable bataille de Kalo-tchan fut livrée en l'an 78 de notre ère.

La première expédition fut bientôt suivie d'une seconde sous le général Tou-hien. Celui-ci, enfin, réussit à purger complétement les frontières de l'empire de tous ces barbares, qui disparaissent de l'histoire de la Chine, en 93 de notre ère, après y avoir dominé pendant trois cent vingt-trois ans.

Je me suis demandé pourquoi le gouvernement chinois avait eu tant de peine à anéantir les Huns? Voici à quoi on peut attribuer la force de leur résistance obstinée.

Qu'on se représente d'une part le désert, les steppes qui s'étendent le long de la frontière de l'empire d'un bout à l'autre avec leurs habitants nomades; de l'autre, un immense empire de plusieurs centaines de millions d'habitants : alors on pourra se convaincre qu'une pareille agglomération d'individus ne peut rester immobile et que, de temps à autre, des conspirations, des révolutions doivent éclater, surtout sous le gouvernement despotique d'un chef d'État débauché qui tyrannise et opprime ses sujets, comme nous en voyons des preuves dans l'histoire de la Chine.

Tel était l'empire chinois à l'époque où les Huns s'établirent dans son voisinage.

Pendant que la nation, selon ses mœurs et sa langue, suivant sa position topographique, vivait sous les rois indépendants élus par la majorité du peuple, ces révolutions ou convulsions n'étaient pas aussi fréquentes ; mais, lorsque le puissant Tchin-Tchi-Hoangti voulut courber toute cette masse de peuple sous une seule et même autorité, la révolte et la conspiration furent l'état normal ; et alors les vaincus furent massacrés par le vainqueur, ou forcés de s'expatrier.

C'est ainsi que se fonda l'empire des Huns, d'un noyau de mécontents et de révoltés ; désormais, il ne manquera rien pour entretenir la discorde et fomenter la guerre civile en dedans de la grande muraille.

Le désert ne produisant rien pour les nourrir, naturellement les Huns se virent forcés de piller et de renouveler leurs invasions. La cour du Tanjou ou principal khan fut le refuge des coupables ou grands criminels de l'empire : là se réfugiaient les ministres infidèles qui ne pouvaient ou ne voulaient pas rendre compte de leurs actions, les généraux traîtres qui avaient trempé dans une conspiration contre le chef d'Etat : les uns et les autres, pour fuir la punition méritée, se réfugièrent chez les Huns, qui les recevaient à bras ouverts.

C'est ainsi qu'une poignée de réfugiés de la Chine purent comploter à leur aise, tenir en échec le plus grand empire du monde, leur pays natal, et rester pendant plusieurs siècles comme une menace perpétuelle pour le gouvernement du Céleste Empire.

Les Huns regardaient la Chine comme un

grenier d'abondance. Les Chinois, de leur côté, les prenaient pour des essaims de frelons sortis de la ruche commune, décidés à s'y faire réintégrer, si l'occasion se présentait. Toutes les fois que les nomades demandaient au gouvernement chinois de la terre pour y habiter et se coloniser, on préférait les tenir que les chasser, et on les recevait avec faveur, en leur donnant toutes les facilités pour s'établir dans l'intérieur du pays.

« Vous serez aussi contents sous ma domination que les rats dans leurs trous, et les poissons dans les fontaines. J'étendrai ces trous en plaines, et ces fontaines en lacs, pour vous y faire vivre heureux. Tant que je serai maître de l'Univers, si quelque barbare, de quelque nation qu'il soit, a besoin de repos, je le lui procurerai; s'il est dans la tristesse, je la dissiperai. Il pourra jouir, avec mon appui, de l'un et de l'autre de ces avantages, de même qu'une mouche qui est attachée à la croupe d'un cheval de prix peut, sans se fatiguer, faire vingt lieues en un jour. » Tel était le langage qu'un des empereurs tint aux barbares venus pour le saluer et lui demander sa faveur en échange de leur soumission.

Grâce à cette origine commune, le gouvernement chinois, comme s'il eût regretté d'avoir maltraité un peuple frère, après la bataille sanglante de Kalo-tchan, où les Huns furent complétement écrasés, leur offrit la paix.

Après cette guerre désastreuse, une sécheresse et une famine affreuse décimaient les Huns. Dans cette détresse, ils s'adressèrent au gouvernement chinois, qui les secourut immédiatement en leur envoyant du blé et en donnant l'ordre secret à ses généraux, qui gardaient la frontière, de les bien traiter.

Lorsque le fameux général Pantchao fut rappelé en Chine et que Gintcham vint occuper sa place, celui-ci, prenant congé de Pantchao, lui tint ce discours : « Moi, quoique indigne, j'ai l'honneur de vous succéder ; sans doute, vous avez quelques instructions salutaires à me donner. »

« Les officiers et les soldats que la Chine envoie en ce pays-ci, répondit Pantchao, ne sont rien moins que d'honnêtes gens, ils ont tous été condamnés à cet exil à cause de leurs crimes. D'un autre côté, les barbares ont des cœurs de bêtes féroces, ils sont difficiles à apprivoiser et très-faciles à effaroucher. Je remarque que vous êtes d'un naturel impatient et sévère. Souvenez-vous que les gros poissons ne se pêchent point dans les eaux claires et qu'un gouvernement ombrageux n'est pas propre à entretenir la concorde. Il faut être ici naturel, sans façon, libre, dégagé. Il faut pardonner les petites fautes, et se contenter de maintenir l'ordre. » (Visdelou.)

Malgré ses bons traitements et une conduite généreuse envers les vaincus, le gouvernement chinois ne pouvait rien obtenir d'eux. Les Huns les accusaient d'avoir fait cette noble action dans la crainte d'être maltraités par eux; en effet, aussitôt l'orage passé, ils recommencèrent leurs incursions. C'est alors que le gouvernement chinois les chargea sans pitié et commença une véritable guerre d'extermination, qui se termina par l'anéantissement complet de l'empire hunnique.

Les Huns du Midi, qui avaient aidé les Chinois à écraser leurs frères du Nord, étant abandonnés à leur sort, ne purent seuls résister plus longtemps à leur puissant allié.

Les Chinois s'étaient aperçus plus d'une fois que les Huns du Nord se livraient à leurs brigandages en compagnie de ceux du Midi; devenus complétement maîtres de leurs anciens ennemis, considérant que, dans le voisinage d'un peuple aussi remuant et aussi séditieux que les Huns, ils ne pourraient jamais compter sur une paix durable, ils trouvèrent plus juste de les anéantir, afin de n'être plus forcés de recommencer la guerre dans un délai plus ou moins rapproché.

Pour atteindre ce but, plusieurs grandes tribus hunniques furent colonisées à l'intérieur de l'empire, et ceux qui refusèrent l'offre du gou-

vernement impérial furent forcés de se retirer
au fond de la presqu'île de Corée; là, dispersés
dans les montagnes, ils jouissaient de leur indépendance. Nous voyons que, vers la fin du
troisième siècle de notre ère, ils ont formé trois
petits royaumes confédérés. Nous apprenons
par le *To-hokf-tchou-ran to setch*, l'histoire
véridique des trois royaumes *Kaoly*, *Pétchy* et
Sziraky, que les trois rois confédérés tinrent
leur première assemblée sous Dewa; c'est en
ouvrant leurs veines qu'ils se jurèrent une
alliance offensive et défensive; après ce traité,
ils sacrifièrent un cheval blanc et, pendant
trois jours et trois nuits, ils mangèrent, burent
et dansèrent suivant leur coutume nationale.

Après ces événements, ils devinrent plus
puissants qu'ils n'avaient jamais été et ils reprirent leurs occupations favorites : le pillage
et le brigandage étaient à l'ordre du jour chez
eux. Le peuple chinois, fatigué de toutes ces
vexations, fit parvenir ses plaintes au gouvernement. L'empereur en fut d'autant plus dou-

7

loureusement affecté, qu'il manquait des moyens de punir les coupables. Plusieurs expéditions envoyées contre eux échouèrent; avant qu'on fût arrivé sur le terrain d'opération, la fatigue et le manque de vivres réduisirent l'armée de moitié; le reste tomba dans une embuscade que les Huns lui tendirent dans les pays montagneux.

Mais, à la fin, et après ces revers, les Chinois surent découvrir le chemin qui leur assura la victoire; le gouvernement chinois renouvela son ancienne tactique en leur appliquant le vieux proverbe : *Divide et vinces.*

Le roi de Pétchy reçut une princesse impériale pour épouse, avec des présents royaux destinés à éblouir les yeux du barbare; celle-ci joua si bien son rôle que, peu de temps après, les rois de Kaoli et Sziraky furent envoyés en Chine chargés de fers, afin que le protégé de l'empereur pût régner plus à son aise. Grâce à son alliance avec l'empereur, le roi de Pétchy régna le plus longtemps; cependant nous avons trouvé qu'à la fin du cinquième siècle il fut enlevé de son royaume et, comme prisonnier, conduit en Chine.

Ainsi fut anéantie la confédération coréenne, à la grande satisfaction des Chinois. Mais, qu'est devenu ce peuple? S'est-il confondu avec les Chinois, ou est-il toujours dispersé dans la presqu'île de Corée?

C'est le problème qu'on ne peut pas encore résoudre, puisque les éléments nécessaires nous manquent. Il n'est point impossible que la masse du peuple hun, trop pressée par les Chinois, ait traversé le canal étroit qui se trouve entre la Corée et le Japon, et ait fondé une colonie dans un pays nouveau, dans le Japhon ou Nip-hon d'aujourd'hui.

Quoique, d'après une opinion généralement acceptée, les Japonais soient de colonies chinoises, il n'y a pas de doute qu'ils diffèrent moralement aussi bien que physiquement des Chinois.

Ainsi, par exemple, le Chinois est grand, élancé, sa démarche est lourde; le Japonais, au

contraire, est de petite taille, large d'épaules,
vif dans ses mouvements, emporté, nerveux,
comme s'il se préparait au combat : « Exigui
quidem forma, sed arguti, motibus expediti et
ad equitandum promptissimi ; scapulis latis et ad
arcus sagittasque parati, firmis cervicibus et
in superbia semper erecti. »

Quant à la langue, la différence est également grande entre les deux nations. « La prononciation japonaise, dit Kaempfer, est purement articulée, car c'est à peine s'il y a deux
ou trois lettres dans une syllabe. La langue
chinoise n'est qu'un amas de sons confus qui
se prononcent en chantant, ce qui est désagréa-
ble aux oreilles. (The prononciation of the ja-
panaise language, in general, is pure articulate,
there being seldom more than two or three
letters combined together in one syllabe ; the
Chinese, on the contrary, nothing but a confused
noise of many consonnants pronounced with a
sort of singing accent, very desagreable to the
ear.) »

Les voyageurs européens vantent beaucoup la beauté des petits enfants japonais; et cela est exact. Mais, autant ils sont beaux étant petits, autant ils sont difformes en grandissant. Cette difformité physique tire son origine de cette coutume barbare qu'on a de labourer le visage des enfants à la mamelle avec une certaine pierre; après cette opération, la peau se couvrant de cicatrices, il en résultait que le visage restait désormais sans poil; c'est ainsi que le Japonais conserve cette éternelle jeunesse qui le distingue de toutes les autres nations.

Quant à la morale, la différence n'est pas moins grande. « Les Chinois sont calmes, modestes, ils aiment la tranquillité, vivent en philosophes; mais, avec tout cela, ils sont rusés, trompeurs et fripons. Les Japonais sont belliqueux, toujours prêts à la révolte, débauchés, méfiants et ambitieux; ils aiment à comploter. »

Comparons maintenant avec cette description la peinture que les écrivains latins nous ont laissée des races hunniques. L'historien romain,

Ammien Marcellin, parle ainsi des Huns d'Attila : « Les Huns, dit-il, dépassent en férocité
et en barbarie tout ce qu'on peut imaginer. Ils
sillonnent profondément avec le fer les joues de
leurs enfants nouveau-nés, afin que les poils de
la barbe soient étouffés sous les cicatrices; aussi,
ont-ils jusque dans leur vieillesse le menton lisse
et dégarni comme les eunuques. Leur corps
trapu, avec des membres supérieurs énormes et
une tête démesurément grosse, leur donne une
apparence monstrueuse : vous diriez des bêtes
à deux pieds, ou quelqu'une de ces figures en
bois mal charpentées dont on orne les parapets
des ponts. (Ubi quoniam ab ipsis nascendi pri-
mitiis infantum ferro sulcantur altius genæ, ut
pilorum vigor tempestivus emergens corrugatis
cicatricibus hebetetur; senescunt imberbes abs-
que ulla venustate spadonibus similes; com-
pactis omnes firmisque membris et opimis cervicibus : prodigiosæ formæ et pandi, ut bipedes
existimes bestias, vel quales in commarginandis
pontibus effigiati stipites dolantur incompte.)»

Jornandès, l'historien des Goths, s'exprime à peu près de la même manière : « Les Huns sont petits et trapus, avec un visage hideux, des yeux enfoncés, des manières sauvages, grognant au lieu de parler. »

Cette description, avec moins d'exagération, convient également aux Japonais. Nous pouvons donc affirmer que les Japonais sont les rejetons des anciens Huns, mêlés avec des Chinois; si nous ne pouvons pas prouver d'une manière incontestable que, dans la Corée ou dans l'île de Nip-hon, il y a encore des Huns parlant l'ancienne langue hunnique, on ne pourrait pas prouver non plus qu'il n'y en a pas ou qu'il ne pourrait pas y en avoir ; car, sur les pays éloignés comme la Chine, la presqu'île de la Corée et des grandes îles de Nip-hon, il nous manque encore des détails complets et une description exacte.

. . . . « Sævior armis
Luxuria incubuit victumque ulciscitur orbem. »

JUVÉNAL.

Ainsi que nous l'avons vu, l'empire des Huns,
à côté de la Chine, s'écroula l'an 93 de notre
ère. Ceux des Huns qui survécurent à la bataille
décisive qui fut livrée auprès de la montagne
de Kalo (Kalo-tchan), craignant de perdre leur
indépendance, leur liberté, ne voulurent pas se
rendre aux Chinois et préférèrent s'expatrier.

En quittant leur pays, ils se divisèrent en
deux colonnes : la première se dirigea vers le
Midi, et s'arrêta aux environs de Kazsgar et
Aksou, le long des fleuves Gihon et Oksous,
où plus tard ils se mêlèrent aux descendants
des Parthes, leurs parents ; ce sont ceux que les
historiens du Bas-Empire appellent Huns blancs
ou Nephthalites. La seconde colonne fit route
vers le Nord et le Nord-Est, et occupa les plaines qui s'étendent entre les fleuves de l'Oural
et du Wolga, que les historiens grecs et romains appelaient la *Grande Hongrie*,

Ils y vécurent longtemps inconnus, libres et
indépendants ; les historiens chinois les ont
perdus de vue, les Romains et les Grecs ne les

connurent que vers la fin du quatrième siècle.

Cependant, avec le temps, ils devinrent puissants. Leur caractère ne changea pas; ils restèrent tels que nous les avons connus dans le voisinage de la Chine : leur occupation favorite fut la chasse, l'élevage du bétail, le vol et le brigandage.

« Qui trans mare currunt, cœlum non animam mutant. »

Qui sait combien de temps ils seraient restés inconnus, si les événements ne les avaient appelés sur le terrain de l'action ?

Depuis longtemps déjà Rome était en décadence. A l'Orient comme à l'Occident, à Rome et à Constantinople, l'empire des Césars touchait à sa ruine; le trône de ces fiers conquérants s'écroula à Rome comme à Constantinople; des frontières de la Chine à l'extrême Occident, le Capitole est devenu le rendez-vous de tous les barbares. « Le vice s'est abattu sur Rome et venge l'univers vaincu. » Les peuples enchaînés ou subjugués, les villes saccagées ou

7.

démantelées, comme Jérusalem, Athènes, Carthage et Syracuse, crient vengeance. Telles sont les destinées des nations. « Des essaims de barbares, en lutte avec l'empire chinois depuis des milliers de siècles et n'ayant pu trouver place à son soleil civilisateur, font volte-face et se précipitent sur les nations de l'Occident, qu'ils font trembler au bruit des pas rapides de leurs coursiers sauvages. Il leur était donné, comme à une puissance aveugle et brutale, de venger l'humanité outragée de la corruption romaine et de retremper la race abâtardie des conquérants du monde dans un sang barbare, mais plein de force et d'énergie. »

Comme le torrent charrie devant lui tout ce qu'il rencontre et tout ce qui lui fait obstacle, de même cette masse compacte renversait et bouleversait dans sa course rapide et impétueuse.

Quel rôle particulier ont joué ces tribus hunniques dans la réorganisation du nouveau monde ?

Dans l'espace de mille ans, depuis que leurs ancêtres les Scythes chassèrent devant eux les

Kimmériens, c'est la seconde fois qu'ils font émigrer les peuples et contribuent involontairement à la naissance de cette civilisation de l'Europe moderne, à laquelle eux-mêmes restent toujours étrangers.

. . . . . Fungar vice cotis; acutum
Reddere quæ ferrum valet, exsors ipsa secàndi.

C'est à cette époque qu'ils firent la guerre à un peuple nomade de la même race qu'eux, aux Alains, et lorsque, dans une bataille décisive, le roi des Alains fut tué, le peuple quitta le pays pour chercher une autre patrie.

Les Alains, chassés et poursuivis par les Huns, tombent sur les Goths; ceux-ci, à leur tour, se jettent sur les Jazyges. Dans la mêlée, une partie des Alains se retire vers le Caucase, où elle s'établit, et se nomme encore aujourd'hui *Alains du Caucase;* la seconde partie, avec les Goths, les Vandales et les Suèves, et autres peuples nomades qui se sauvaient également, sous la pression des Huns, à travers l'Italie, l'Allemagne, la Belgique et la France, se précipite sur l'Espagne, où elle s'installe dans les provinces de Cathalonie (Goth-Alania) et de l'Andalusie (Vandalusia). Une de leurs tribus s'arrête au pied des Pyrénées : c'est d'elle que descendent les peuples basques qui habitent les deux versants de ces montagnes.

Les Huns ayant ouvert le chemin devant eux, s'arrêtent aux environs du Palus-Méotide ou mer d'Azow; après avoir occupé le passage de Derbend, ils le fortifient et le choisissent pour leur base d'opérations. De là ils se répandent le long des côtes, où, comme un tourbillon impétueux, ils exterminent tous les peuples qui y habitent. « Hinc jam Hunni, dit Jornandès, quasi fortissimarum gentium fœcundissimus cespes in bifariam populorum rabiem pullularunt. »

Ils se montrent à la frontière romaine en 376 de notre ère; ils s'établissent sur les bords du Danube et fondent leur puissant empire, qui s'élève avec Attila et disparaît avec *le Fléau de Dieu* (1).

(1) C'est ainsi qu'on désigne Attila.

II

RAMEAU PARTHIQUE

—

I. PÁRTOS-OK (LES PARTHES ou *séditieux*).

II. KÓBOR-OK (AVARES, ABARES, CABARES), *errants*.

III. TÖR-ŐK (LES BRISEURS), *Turcs*.

IV. KÓSZÁK (KHAZARES), *errantes, vagantes*.

Darius, le grand roi, dit : « Les contrées nommées la Parthie et Hyrkanie se révoltèrent contre moi ; elles se déclarèrent pour Phraortes. Et Hystaspe, mon père, résidait en Parthie, le peuple lui devint ennemi et se révolta. A la ville nommée Hyspaozatis en Parthie, les rebelles livrèrent la bataille. Ormuzd me soutint ; par la grâce d'Ormuzd Hystaspe défit les rebelles. Le 22e jour du douzième mois, ils livrèrent le combat. Ensuite le pays fut à moi. C'est ce que je fis en Parthie. »

Inscription de Behistoun.

I

> « Nec dubitatur quin Scythæ qui Parthos
> condidere, non a Bosporo sed ex regione
> Europæ penetraverint. »
>
> QUINTE-CURCE.

Nous entrons maintenant dans une nouvelle phase de notre histoire. Les Huns, excepté l'une de leurs fortes tribus, les Hunugars ou Hunugury, sont en Europe à la frontière romaine ; ils font la guerre à deux empereurs : à l'Orient et à l'Occident.

Mais, en même temps que l'Occident est tourmenté par Attila et les Huns d'origine scythique, à l'Orient, dans la province de la Perse et au nord de l'Asie centrale, la race des Huns blancs commence à jouer un rôle important.

En effet, les Chinois ont réussi à renverser

l'arbre qui avait porté pour eux des fruits si amers, — mais la souche et les racines restèrent ; et la séve était si abondante dans le tronc, que plus on en coupa les branches, plus les bourgeons se multiplièrent.

Ils ne s'en aperçurent que, lorsque du côté du lac de Bajkal, le long du fleuve Halovan (Haloven-Kiang) au pied de Geugh-topa (montagne au sommet bleu) plusieurs tribus hunniques se cantonnèrent à la grande stupéfaction des Chinois.

Ces nomades étaient les Gogh ou Goghen-Abares ou Kosa-Turks connus par les historiens chinois et appelés aussi Sienpi ou Topa, ou Youkou-liou qui ne sont autres que les Ougorijs, ou Ouigours, ou Ougres des annales russes. Ce sont eux qui pendant cent cinquante ans inquiétèrent le peuple chinois ; et si leur puissance n'avait pas surpassé celle du premier empire hunnique, elle aurait pu se mesurer avec elle.

Pour nous, Hongrois, il serait très-intéressant de mieux connaître l'histoire de ce peuple, car

il est notre souche, nous tirons notre origine
directement de lui ; sans cette histoire, nous ne
sommes capables d'expliquer ni notre origine,
ni celle des Turcs; de plus, le germe de cette
haine acharnée qui, durant trois siècles, a fait
s'entretuer les Hongrois et les Turcs, a été semé
entre les deux nations au pied même de la grande
muraille de la Chine.

Pour bien connaître cette période de notre
histoire, il nous faut remonter très-haut dans
nos origines. « À l'est des Yurks, dit Hérodote,
demeurent les Scythes déserteurs qui, pour fuir
le joug des Scythes royaux, s'étaient retirés vers
l'est (au pied de l'Oural dans le gouvernement
actuel de Perm), après s'être révoltés contre les
Scythes royaux. »

Peut-on supposer que ce sont les Scythes déserteurs d'Hérodote qui ont fondé l'empire des
Parthes; ou bien, ce qui est plus admissible,
devons-nous nous appuyer sur les chroniques
géorgiennes?

Nous avons vu plus haut dans la première

partie de cet ouvrage qu'Hérodote nous a raconté de quelle manière les Scythes avaient été chassés de la Médie par le roi Cyaxare. Ils ne vinrent pas tous dans leur pays à côté du Palus-Méotide; chemin faisant, ils eurent de violentes disputes entre eux; il en résulta que plusieurs tribus ou familles se détachèrent de la masse, et les rois de Géorgie leur firent promettre d'être des sujets fidèles et leur donnèrent de la terre pour s'établir. La majeure partie se concentra à l'ouest de la ville de Mtzhetka dans un ravin profond encaissé de rochers sur lesquels ils ont bâti un fort appelé *Sarkhine*, ce qui signifie en hongrois *bâti dans un coin*. Voici un court résumé de leur histoire d'après Justin, l'abréviateur de Trogue-Pompée :

« Les Parthes qui, maîtres aujourd'hui de l'Orient, semblent avoir partagé avec les Romains l'empire du monde, étaient des exilés scythes : leur nom même atteste cette origine; car, dans la langue des Scythes, *Parthe* signifie *exilé*. Au temps des Assyriens et des Mèdes ils

étaient les plus obscurs d'entre les peuples de
l'Orient. Plus tard même, lorsque l'empire des
Mèdes passa aux Perses, ils furent la proie du
vainqueur, comme un peuple sans force et sans
nom. Enfin les Macédoniens les asservirent dans
la conquête de l'Orient. Il faut admirer leur
courage qui les éleva à cette haute puissance
et leur soumit les peuples dont ils avaient été
les esclaves. Rome même les attaqua trois fois,
à l'époque de sa grandeur, et par ses plus grands
capitaines; elle les vit, seuls de tous les peuples,
non-seulement ses égaux, mais ses vainqueurs.
Il y eut, au reste, moins de gloire pour eux à
repousser des attaques lointaines qu'à s'élever
entre les Assyriens, les Mèdes et les Perses,
peuples naguère si fameux, et les mille cités
de l'empire de Bactriane malgré les attaques
opiniâtres des Scythes et de leurs voisins, et des
guerres sans cesse renaissantes. Chassés de la
Scythie par des dissensions domestiques, ils
vinrent furtivement s'établir dans les solitudes
qui séparaient l'Hyrcanie, les Dahes, les Ariens,

les Spartamiens et les Margiens. Ils reculèrent bientôt leurs frontières, d'abord sans trouver d'obstacles; et plus tard, malgré les efforts de leurs voisins, ils occupèrent non-seulement de vastes plaines et de profondes vallées, mais aussi des hauteurs escarpées et des montagnes fort élevées. De là vient que la plus grande partie de leurs pays est ou très-chaude, ou très-froide; la neige y couvre les montagnes et le soleil y dessèche la plaine.

« A la chute de l'empire de Macédoine les Parthes furent gouvernés par des rois.

« Après la dignité royale, le peuple tient parmi eux le premier rang. Ils tirent de son sein les généraux pour la guerre et les magistrats pour la paix. Leur langue tient le milieu entre celles du Mède et du Scythe; elle est un mélange de l'une et de l'autre. Leur costume ancien leur était propre; ils ont adopté depuis leur puissance le costume transparent et léger des Mèdes. Leurs armes sont celles des Scythes, leurs ancêtres. Leur armée ne se compose pas d'hommes

libres comme celle de presque tous les peuples :
les esclaves en forment la plus grande partie.
Le nombre s'en grossit chaque jour, parce
que nul ne pouvant les affranchir, tous leurs
enfants naissent esclaves. Les Parthes les élè-
vent comme leurs propres fils ; ils leur apprennent avec grand soin à monter à cheval et à
tirer de l'arc.

« En temps de guerre, chacun, selon sa fortune, fournit au roi des cavaliers. Enfin, lorsque Antoine fit une invasion chez eux, des cinquante mille cavaliers qu'ils lui opposèrent,
quatre cents seulement étaient hommes libres.
Ils ne savent pas combattre en ligne et de près,
ni assiéger et prendre les villes. On les voit,
dans le combat, tantôt lancer leur chevaux sur
l'ennemi, tantôt fuir à la hâte ; souvent même
ils feignent de tourner le dos, pour que l'ennemi, dans sa poursuite, se méfie moins de leurs
coups.

« Le tambour et non la trompette est leur
signal de bataille. Ils ne peuvent combattre

longtemps; mais ils seraient invincibles si leur force et leur persévérance répondaient à l'ardeur de leur choc. Souvent, au plus chaud de la mêlée, ils se retirent, et reviennent bientôt de la fuite au combat; à l'instant où on les croit vaincus il faut recommencer la lutte. Cavaliers et chevaux sont entièrement bardés de lames de fer en forme de plumes. Ils n'emploient l'or et l'argent que dans leurs armures.

« Pour varier leurs plaisirs, les Parthes ont chacun plusieurs femmes. Nul crime n'est puni par eux plus sévèrement que l'adultère; ils écartent donc leurs femmes, non-seulement des festins mais des regards même des hommes. La seule chair qu'ils mangent est celle que leur fournit la chasse. On les voit toujours à cheval; c'est à cheval qu'ils vont à la guerre, à leurs fonctions publiques et à leurs affaires privées; c'est à cheval qu'ils voyagent, s'arrêtent, trafiquent et conversent. Enfin, le signe distinctif entre l'homme libre et l'esclave, est que celui-ci est à pied et l'autre toujours à cheval.

« Ils ne connaissent d'autre sépulture que de livrer les morts aux chiens, aux oiseaux de proie : seulement, ils enterrent les ossements dépouillés. Tous portent le respect des dieux jusqu'à la superstition.

« Leur caractère est superbe, séditieux, plein d'impudence et de fourberie; la violence est à leurs yeux le partage des hommes, et la soumission celui des femmes. Toujours remuants ou chez eux ou au dehors, naturellement taciturnes et plus enclins à agir qu'à parler, ils savent taire également le bien et le mal. Ils obéissent à leurs chefs moins par devoir que par crainte. Sobres de nourriture, ardents à la débauche, ils n'observent la foi donnée qu'autant que le veut leur intérêt.

« Lorsqu'à la mort du grand Alexandre, ses successeurs se partageaient l'Orient, le gouvernement des Parthes, dédaigné par tous les Macédoniens, fut donné par eux à l'étranger Stasanor, leur allié. Plus tard, lorsque des guerres civiles divisèrent les chefs macédoniens, on vit

les Parthes, avec les autres peuples de la haute
Asie, se déclarer pour Eumène ; après sa défaite
ils passèrent à Antigone. Ils obéirent ensuite à
Séleucus Nicator, puis à Antiochus et à ses successeurs, jusqu'à Séleucus, arrière-petit-fils de
Nicator, contre qui ils se soulevèrent au temps
de la première guerre punique, sous le consulat
de L. Manlius Vulson et de M. Attilius Ré-
gulus.

« Cette révolte resta impunie, grâce aux
discordes des deux frères Séleucus et Antiochus,
qui, cherchant à se ravir la couronne, négli-
gèrent de les châtier. Dans le même temps,
Théodote, gouverneur des mille villes de la Bactriane, se souleva et prit le titre de roi : tout
l'Orient suivit cet exemple et secoua le joug
macédonien. Alors, parut Arsace, homme d'une
naissance obscure, mais d'une valeur éprouvée.
Accoutumé à vivre de pillage et de rapine et ne
craignant plus Séleucus, qu'on disait vaincu en
Asie par les Gaulois, il attaque les Parthes avec
un corps de brigands, surprend et écrase An-

dragoras leur chef et saisit l'empire à sa place.

« Bientôt il envahit l'Hyrcanie ; et, maître ainsi de deux Etats, il lève une puissante armée, par crainte de Séleucus et du roi des Bactriens, Théodose. Mais, la mort de ce dernier vient calmer ses inquiétudes : il s'allia au fils de ce prince aussi nommé Théodose ; et quelque temps après, ayant livré bataille à Séleucus, qui venait châtier la défection des Parthes, il fut vainqueur. Cette journée fut depuis célébrée par les Parthes comme l'origine de leur liberté.

« De nouveaux troubles rappelèrent Séleucus en Asie et donnèrent quelque relâche à Arsace ; il constitua le royaume des Parthes, fit des levées, construisit des forts, s'assura des villes, et fit bâtir Dara sur le mont Zapaortenon, le plus fort et le plus agréable qu'on puisse voir.

« Arsace ayant ainsi conquis et fondé son empire, mourut dans un âge avancé, laissant un nom aussi cher aux Parthes que l'est aux

8

Perses celui de Cyrus, aux Macédoniens cel
d'Alexandre, aux Romains celui de Romulus.

« Tel fut le respect des peuples pour sa m
moire qu'ils ont donné depuis le nom d'*Arsa*
à tous leurs rois. »

Les Parthes, secondés par la fortune, parvi
rent sous l'empire de Mithridate au plus ha
degré de puissance; de nombreuses conquêt
étendirent leur domination du mont Caucase au
rives de l'Euphrate. Ce prince agrandit tell
ment son empire qu'il effaça les rois de son siècl
et ceux qui l'avaient précédé. Pendant quarant
six années, il fit la guerre et disputa la victoir
aux Romains; battu par Sylla et Lucullus, pa
d'autres habiles capitaines, enfin par le gran
Pompée, il reprit toujours les armes avec plu
de vigueur et d'éclat; ses défaites le ren
daient plus terrible. Enfin, il est mort charg
d'années, non sous les coups de ses rivaux
mais volontairement et dans le royaume de se,
aïeux, dont il transmit l'héritage à son fils.

Le dernier roi des Parthes, Artaban IV (l'a

214 de J.-C.), fit la guerre aux Romains et les obligea à lui accorder une paix honorable, mais il perdit dans cette lutte ses meilleures troupes. Un Perse d'une naissance peu illustre et appelé Artaxerxès, crut que le moment était venu de reprendre sur les Parthes la suprématie dont les Perses avaient été dépouillés. Artaban, instruit de cette révolte, marcha avec toutes ses forces contre Artaxerxès qui avait une armée à peu près égale en nombre à celle de son rival. Après un combat acharné, la victoire se déclara pour les Perses. Artaban fut fait prisonnier et mis à mort par ordre d'Artaxerxès.

Ainsi finit l'empire des Parthes, après avoir duré presque cinq siècles.

« Il y a, dit Malcolm, dans son *Histoire de Perse*, depuis la mort d'Alexandre jusqu'au règne d'Artaxerxès, près de cinq siècles, et la totalité de cette ère si longue peut être considérée comme une lacune dans l'histoire orientale. Cependant, lorsque nous nous reportons aux écrits des auteurs romains, nous trouvons

que cette période abonde en événements dont
la nation la plus fière se tiendrait honorée, et
que ces monarques parthes, dont on ne peut
aujourd'hui retrouver les noms dans leur propre
pays, ont été les seuls souverains sur qui les
armes de Rome, parvenue au plus haut degré
de sa puissance, n'aient pu faire aucune impression durable. La frontière que le royaume
des Parthes présentait à l'empire romain, s'éten-
dait depuis la mer Caspienne jusqu'au golfe
Persique. Elle est composée de vastes déserts,
de montagnes hautes et stériles, et de larges et
rapides torrents. On se battait, non contre une
armée, mais contre la faim et la soif; et la mé-
thode qu'avait le guerrier parthe de décocher
une flèche mortelle contre l'ennemi dont son
cheval au galop l'éloignait rapidement, peut
être regardée comme le symbole du système de
guerre, au moyen duquel la nation parvint,
durant cette période, à maintenir son indépendance. »

II

KÓBOROK (*errants, vagabonds.*) — LES ABARES.

Nous avons vu tout à l'heure que l'empire des Parthes fut détruit sous Artaban, leur dernier roi. A partir de cette époque, leur nom est effacé de l'histoire! Mais, qu'est devenu le peuple? La race est-elle éteinte? Pas le moins du monde! Le Parthe vit encore et n'a que changé de nom. Une partie s'est confondue avec le vainqueur, habite encore aujourd'hui le même endroit qu'elle possédait il y a deux mille ans.

L'autre partie s'était concentrée entre les fleuves Djihoun (l'ancien Okszus) et Sihoun (l'ancien Jakszartes ou Arakszès). — « Les Hepthalites, car on les appelait ainsi, dit Procope, par leur nom et par leur origine, appartenaient à la souche des Huns blancs, quoiqu'il n'existât aucune relation d'affaires entre eux;

8.

ils n'étaient pas même leurs voisins, mais ils étaient ceux des Perses. »

Par une longue cohabitation avec les Perses et les Arméniens, ils se mêlèrent naturellement à ces races blanches; aussi, parmi les Huns, c'étaient les seuls qui eussent la peau blanche et le visage moins repoussant que les autres.

Ils n'habitaient pas sous les tentes et ne menaient pas une vie errante à l'instar des autres Huns nomades, leurs parents; mais, depuis longtemps, ils restaient attachés au sol natal, cultivant la terre ou faisant le commerce, comme tout autre peuple civilisé.

Ils portent différents noms chez les écrivains du Bas-Empire. On peut regarder ces diverses dénominations comme autant de couches superposées qui doivent marquer diverses migrations: car, ainsi que nous le verrons plus tard, chaque fois qu'il y eut une révolte ou un soulèvement dans les tribus hunniques, — et ils furent très-fréquents, — les vaincus étaient massacrés; ou se réfugiaient dans cette forteresse naturelle entre deux fleuves.

Les noms, comme *Nephthalites* ou *Hephtha-lites*, cachent un sobriquet que les Parthes donnaient eux-mêmes à une certaine classe d'entre eux. Les étrangers, ne sachant pas la vraie signification du mot, ne savaient ni le prononcer, ni le bien écrire ; ce nom était *Nép-falo*, qui veut dire *mangeurs d'hommes*, car ils avaient cette détestable coutume d'enterrer des vivants avec les morts.

« Ceux qui sont plus riches, continue Procope, ont plusieurs amis, qui ont les mêmes droits que le maître, dans la maison ; et c'est pourquoi il est d'usage parmi eux, lorsque le chef de la maison meurt, que ses amis soient enterrés tout vivants avec lui (1). »

(1) « Opulentissimi quoque amicos sibi adjungunt vicenos aut si fors tulerit etiam plures, quos semper habent convivas, omniumque facultatum suarum participes, dato singulis communi quodam in eas jure. *At ubi fato concessit qui illos sibi sodales asciverat, obtinuit consuetudo ut ipsi adhuc vitæ pleni in tumulum cum mortuo inferantur.* »

PROCOPE.

Quoique cet usage barbare ne fût fort heureusement répandu que dans la classe aristocratique, car le peuple ne connaissait d'autre
sépulture que de livrer les morts aux chiens et
aux oiseaux de proie, les savants avaient donné
ce nom par ignorance à toute la nation.

Reprenons maintenant le fil de notre histoire.
Les Goghen-Abares appartiennent aux Huns
blancs; ils sont Parthes d'origine. Depuis combien de temps sont-ils détachés de la tige prin-
cipale? je ne pourrais préciser la date. La première grande migration des Huns a tellement
bouleversé la partie nord de l'Asie centrale,
tellement mélangé ses peuples, que celui qui
voudra se faire une idée exacte de cette époque
devra être très au courant de ce que racontent
les historiens chinois, concernant les événements
de cette période.

Heureusement pour nous, dans les ouvrages
de ce genre que les historiens grecs et persans
nous ont laissés, nous trouvons des données précieuses, à l'aide desquelles nous pouvons nous

former quelque idée de l'empire des Abares.

Grâce à eux, nous pouvons étudier les raisons pour lesquelles le peuple de l'Est s'est précipité sur l'Ouest; comment il est arrivé que ce grand arbre, qui jetait si loin ses ramifications autour du lac Bajkal, étant abattu, ses branches dispersées ont de nouveau pris racine dans les plaines situées entre le Danube et la Theisz. Les Magyars sont aujourd'hui les derniers rejetons de ce peuple.

Ainsi, quoique nous ne connaissions ni l'origine du puissant peuple des Abares, ni comment sa puissance se développa, nous savons pourtant de quelle manière leur empire s'écroula.

Nous ignorons les événements les plus saillants de leur histoire, mais nous possédons le dernier acte de ce grand drame, le dénoûment final du peuple des Abares.

Nous pouvons presque affirmer que l'oppression, la tyrannie étaient grandes sous la domination des Abares; la conjuration et les révoltes étaient incessantes; il en résulta que des tribus entières furent massacrées ou contraintes à émigrer.

Vers la même époque, où l'empire d'Attila venait de s'écrouler, commençait une seconde migration parmi les races hunniques.

« Dans ce temps-ci (464 de J.-C.), raconte Ménander, les Urogs, les Saragurs et les Hunugurs avaient envoyé des ambassadeurs chez les Romains d'Orient à l'empereur Léon ; tous ces peuples furent chassés de leur pays par les Sabirs, ceux-ci par les Abares ; ainsi réunis, ils se sont jetés sur les Akatzires, qui, étant vaincus, se sont réfugiés sur le territoire des Romains. »

Nous rencontrons pour la première fois ici ces nomades. Mais, comme ils ont joué un rôle important dans l'histoire, — car le peuple hongrois, que nous connaissons aujourd'hui sur les bords du Danube, est le descendant de ces nouveaux venus, — il faut étudier leur passé afin que nous puissions fidèlement raconter leur histoire.

Malheureusement les détails nous manquent pour compléter cette tâche. Les nomades n'ont point d'annales; les peuples sortis du désert des steppes d'Asie n'écrivaient pas les leurs; ils les chantaient. Les *tátosh*, les *troubadours*, ces poëtes nationaux, transmettaient les traditions du passé de père en fils et, le plus souvent, à l'aide des débris de chants héroïques, dont la science doit se servir pour former les premières assises de sa construction.

Dans les chroniques russes, ils portent le nom d'Ostiaks, car ils venaient de l'Est; on les nomme encore Vogules ou Vogulides (fogol ou prisonniers), car ils se sont échappés de chez les puissants Abares.

Ils habitent les bas-fonds des contrées situées aux sources du Don ou Tanaïs, qu'ils appellent *Sarhel* ou pays marécageux. Ils font un grand commerce de peausserie et sont mégissiers ou tanneurs de réputation. « Hunuguri autem hinc sunt noti quia ab ipsis pellium murinarum venit commercium. » Jornandès.

Transportant leurs marchandises à Asztrakhan, ils les échangent contre d'autres articles

avec les Grecs et les Romains. Outre leur commerce, ils avaient encore un autre moyen d'existence plus lucratif et plus en rapport avec leur
caractère turbulent : ils envahissaient les contrées voisines et, s'ils ne rencontraient point de
résistance, ils pillaient, volaient, et ainsi chargés de butin, ils retournaient dans leur pays,

Nous les voyons, en effet, entreprendre une
expédition contre Colchis, province de l'Asie
Mineure; mais les habitants de ce pays, étant
prévenus de leurs intentions hostiles, les reçurent mal; on se battit avec acharnement des
deux côtés, et les Hunugurs furent refoulés
avec de grandes pertes. L'endroit porte encore
aujourd'hui le nom de *Hunugury*, en souvenir
de cette victoire remportée par les Colchidiens.

Dans les chroniques géorgiennes, nous trouvons les passages suivants se rapportant à cette
expédition. Je les place ici, d'après la traduction
de M. Joseph Brosset :

« Sous le règne de Vakhtang Gurgaszlan,
qui n'avait alors que dix ans (451 de J.-C.), ils

vinrent dans le Kartly, prirent des villes et des forteresses, ruinèrent Casp et enlevèrent Miran-dukt, sœur du roi. Ils pénétrèrent au pays de Ran et, chargés de butin, revinrent par Der-bend, dont les habitants leur ouvrirent le pas-sage.

« Trois ans plus tard, Vakhtang, qui se sentait chaque jour plus animé du désir de venger cette insulte, réunit dans les plaines de Moukh-ran une armée de cent mille cavaliers, soixante mille piétons, et part à leur tête pour punir les Osszes. D'autres troupes des rois du Caucase s'unissent à lui et font monter son armée à deux cent douze mille hommes. Passant par Dariel, il va camper sur les plaines du Terek, où il livre un violent combat aux Osszes et aux Khazars, qui sont mis en déroute; l'Osszet est pris et livré au pillage.

« Dans le combat, Vakhtang tue deux fameux Osszes d'une force colossale, l'un appelé *Tarkhan*, l'autre *Baghatour*. Continuant son expédition, il va combattre les Patchanigues, les Djiks et les Abkhazes, mais non sans avoir préalablement soumis les Osszes par un traité, et en construisant à Cassara une bonne muraille. »

Il paraît que c'est de Baghatour tué par Vakhtang qu'il s'agit dans une inscription trouvée dernièrement dans l'église de Mouzala, au-dessus de la porte de Kassara; elle est en géorgien, et voici la traduction telle qu'elle a été faite par Brosset :

« Nous fûmes cinq frères de la famille de Tchardionidzé-Dcharkhilan : Os-Baghatour, Davith-Soslan, qui firent la guerre aux quatre royaumes, Phidaros, Djadaros Sakour et Giorghi, qui lançait sur l'ennemi des regards de courroux. Trois de nos frères furent moines et bons serviteurs du Christ. Nous avons à Cassara un fort et une douane : espérez de bons traitements en delà, si vous vous comportez bien en deçà.

« Fidèle à mes habitudes, j'ai enlevé la sœur du prince de Kartly; il m'a prévenu et, trompé par un serment, il se chargea de mes péchés.

Baghatour fut tué et jeté à l'eau ; l'armée des Osszes fut massacrée. — Vous qui lisez ces lignes, accordez-moi quelques prières. »

Remarquez bien que les auteurs arméniens ou géorgiens les appellent simplement Khazars ou Kozars ; ce qui veut dire *Koszak*, errants ou vagabonds.

A quelle époque sont-ils devenus sujets des Turcs? Nous ne pouvons pas le préciser. Mais il est certain qu'ils ont été assujettis aux Turcs. Les historiens du Bas-Empire les appellent ainsi ; puis le Kha-Khan des Turcs s'est exprimé de la manière suivante devant Valentin, ambassadeur romain : « Malheureux, jetez les yeux sur les Alains ; voyez même les tribus des Hunugurs : ils étaient puissants et célèbres par leur vaillance et leur audace, ils se fiaient au nombre de leurs soldats ; ils ont osé s'attaquer à l'invincible nation des Turcs ; ils ont été trompés dans leur espérance, ils ont été vaincus, ils sont au nombre de nos esclaves. »

III

Törok (Briseurs) — Les Turcs (Turcæ).

Peu de temps après les événements que je viens de raconter, sonnait l'heure de la dissolution pour l'empire des Abares.

Au pied des monts Altaï, là où l'Irtish prend sa source, était cantonné, au milieu du sixième siècle, un peuple sans importance ; son unique occupation était la fabrication des armes qu'il forgeait pour le compte de ses maîtres les puissants Abares.

Il appartenait à la famille des Huns blancs ; il séjournait auparavant dans le Sud, et c'est au milieu du quatrième siècle qu'étant subjugué par les Abares, il se transporta dans le Nord, par ordre de ses vainqueurs. Les historiens chinois les appellent *Tou-Kiou*, les Perses *Hermichiones* ou *brigands*, les Grecs et Latins *Turcæ* ou *Massagetæ* ; les Abares, dont ils étaient les sujets, les ont appelés Török ou *Briseurs ;* cette étymologie vient de leur métier, car, pour la fabrication des armes, ils se servaient du fer et, pour extraire ce métal, il leur fallait briser la pierre.

Suivant l'histoire généalogique des Tartars, écrite par Abulghazy Baghatour-Khan, les Turcs habitaient le Ferghana-hon, le moderne Khokand, pays de peu d'étendue, entouré de tous côtés par une chaîne de montagnes, et arrosé par la rivière de Djihoun.

Ils s'occupaient de la fabrication des armes et avaient la réputation d'être de bons forgerons.

Visdelou, dans son *Histoire de la Tartarie,* dit « qu'un homme nommé Asse-Naa fut le fondateur de l'empire des Toukiou ; ils se soumirent aux Goghen-Abars, qui les placèrent au pied des monts d'Or de l'Altaï. Ils appartiennent à la branche des Parthes qui, après la chute de la puissance parthique, furent les premiers à s'expatrier. »

Comme nous le voyons dans le récit de l'ambassade de Valentin, ils avaient l'habitude, comme leurs compatriotes, les Néphthalites ou Nép-falok, d'enterrer des vivants avec des morts (1).

Cette coutume barbare resta jusqu'à nos jours, comme une arme terrible dans les mains des sultans turcs ; avec cette différence, toutefois, que dans l'ancien temps on enterrait des vivants lors des funérailles d'un grand seigneur, tandis qu'aujourd'hui le sultan envoie le cordon classique toutes les fois que la raison d'Etat l'exige ; le destinataire doit accepter avec résignation ce cadeau fatal. C'est à cette coutume étrange que Racine fait allusion dans son *Bajazet :*

> Je sais rendre aux sultans de fidèles services ;
> Mais je laisse au vulgaire adorer leurs caprices,
> Et ne me pique point du scrupule insensé
> De bénir mon trépas lorsqu'ils l'ont prononcé.

Il est arrivé à l'époque dont nous parlons

(1) « Uno etiam ex luctus diebus 4 captivos hunnos vinctos adducens, patri mortuo (dochia eorum lingva vocant quæ in

qu'une tribu voisine de la leur s'étant révoltée, le Grand-Khan des Abares chargea le maître des forges ou Tar-Khan de diriger l'expédition; il réussit en peu de temps à étouffer la révolte et fit punir d'une manière exemplaire le chef des insurgés.

Le Tar-Khan en rendant compte de sa mission, et comme récompense de ses bons services, fit demander par ses ambassadeurs la main d'une des filles du Grand-Khan, mais le Kha-Khan s'offensa de cette demande. « Quoi, dit-il avec colère aux envoyés turcs, un esclave qui travaille dans mes forges, ose prétendre à ma fille! » Et il fit chasser de devant lui les envoyés turcs.

Cette entrevue serait restée peut-être sans autre résultat fâcheux et le Tar-Khan froissé de ce refus, aurait continué à travailler comme par

iustis mortuorum observari apud eos solent) illos inquam miseros in medium proferens una cum paternis equis barbara voce jussit hinc abeuntes patri suo renuntiare quantum ipsi. » . . . . Excerpta Menandri.

le passé, si l'ambassadeur chinois, qui était présent à cette conversation, n'eût pas profité de l'occasion pour prévenir la cour impériale de ce qui s'était passé.

Le maître des forges fut donc tout étonné en apprenant qu'une princesse de la famille impériale de Chine était déjà en route pour arriver auprès de lui; il n'en fallait pas davantage pour qu'il levât l'étendard de la révolte et qu'il tournât contre les Abares mêmes les armes qu'il avait forgées jusqu'alors pour eux.

A la première rencontre les Abares furent honteusement battus; ils abandonnèrent le champ de bataille dans le plus grand désordre : les uns se sauvèrent dans le pays des Afgans, colonie des Parthes; les autres se réfugièrent chez les Mekrites où ils servirent pour un salaire convenu. 545 ap. J.-C. (1).

(1) « Ergo devictis a Kagano Abaris alii eorum ad Tangestenses confugerunt (est autem Tangasta Turcarum nobilis colonia stadiis mille quingentis ab India distans cujus indigenæ et strenuissimi et præstantia quovis populo in orbe terrarum superiores). Alii propter amissam libertatem hu-

Le Tar-Khan ayant anéanti la puissance des Abares, voulut continuer ses conquêtes et subjuguer toutes les tribus qui étaient confédérées ou sujettes des Abares. Ainsi fut-il fait même avec les Ougoris qui étaient plutôt les alliés que les sujets des Abares.

C'étaient de puissantes tribus hunniques qui s'étaient établies à cette époque près de la rivière de Toula, où depuis longtemps deux anciennes familles appelées *Vari* et *Chunni* les gouvernaient (2).

Comme nous l'avons vu, les Abares furent surpris par les Turcs, et il ne leur resta d'autres moyens pour se soustraire à leurs vainqueurs

miliorem sortiti conditionem ad Mukritas qui dicuntur Tangestentibus vicinissimos se contulerunt ad pretia ineunda, tum propter quotidiana belli exercitia, tum propter tolerantiam in periculis eximio animorum robore præditos. »

THÉOPHILACTE.

(1).«Fuit hæc gens tum numero tum armorum exercitatione validissima. Hæc in Oriente ad fluvium Til accolit; ejus vetustissimi principes Var et Chunni vocabantur, a quibus etiam nonnullæ illarum gentium adeptæ sunt vocabula ut Var et Chunni nominarentur.»

THÉOPHILACTE.

que la fuite; mais les Ougorys se défendirent
mieux, ils disputèrent la victoire aux Turcs :
aussi leur punition fut-elle exemplaire et terrible.

Les Ouygours, ayant appris la révolte des
Turcs, présumaient le sort qui leur était réservé
dans le nouvel empire; par précaution, l'un de
leurs princes, Toulon-Khan, qni était lié avec
Tar-Khan, à la tête d'une puissante armée, se
jeta sur les Turcs et à la première rencontre les
dispersa complétement. Après cette déroute, les
Turcs secourus de tous les côtés vinrent surprendre les Ouygours qui, alors, campaient près de
l'Ikar à la source du fleuve Ianisea; après des
rencontres sanglantes qui durèrent plusieurs
jours, ils les écrasèrent complétement; trois cent
mille têtes tombèrent dans ces combats meur-
triers et le champ de-bataille fut jonché de cadavres à quatre journées de distance (1).

(1) « Hunc igitur in modum victoria Chagano insigniter
arridente civile inter Turcas bellum exarsit :

Après ce terrible carnage, l'armée des Ouygours prit la fuite. L'un des Kha-Khans fut fait prisonnier; le Tar-Khan le fit tuer immédiatement avec trois mille de ses compagnons d'armes; ceux qui survécurent à cette catastrophe se rendirent comme esclaves aux vainqueurs, qui, selon l'usage du temps, leur désigna le lieu de leur future habitation. 554 après J.-C.

Un peuple fier et amoureux de sa liberté comme les Ouygours ne pouvait pas supporter longtemps l'esclavage; il attendait avec impatience l'heure de la délivrance; aussi, trois ans après leur défaite, ils abandonnèrent subitement leurs maîtres et se présentèrent chez

« Vir quidam vocabulo Turum cùm Chagano cognatione coniunctus res novans copias ingentes contraxit, collatisque cum eo signis superior dicessit. Chaganus, alios tres chaganos sibi per legatos adjungit. Universis itaque copiis ad Icar locum latis, in campis situm constitutis et instructis, adversariisque ibidem fortissime dimicantibus tyrannus occumbit. Ejus agmen fugæ se dat..... Ex qua gente cæsa bello tercenta millia ut cadaverum continuata series dierum quatuor viam occuparet. »

THÉOPHILACTE.

leurs parents les Honogouris à Sarhelt. 557
après J.-C. (1).

Ceux-ci ne sachant rien de ce qui se passait
avec les puissants Abares, reçurent les fugitifs
Varkhounys avec bonté et, les prenant pour les
avant-gardes des Abares conquérants, leur of-
frirent des cadeaux afin qu'on les laissât tran-
quilles.

Les Varkhounys connaissant la cause de cette
réception cordiale, décidèrent dans leur intérêt
de garder désormais ce nom ; attendu que parmi
tous les Scythes c'étaient les Abares qui jouissaient de la meilleure réputation quant à la valeur militaire.

---

(1) « Sarhelt et Honnuguri et Sabiri et insuper aliæ gentes
hunnicæ postquam partem Var et Chunni ad loca sua con-
fugientem viderunt, ingenti metu perculsæ sunt quod adve-
nas illos Abaros esse suspicarentur. Quo circa securitati
consultum cupientes donis amplissimis eos coluerunt. Var
itaque et Chunni ut perfugium sibi feliciter evenisse ani-
madverterunt, errorem sese honorantium non aspernati
Abares dici voluerunt. Etenim inter gentes Scythicas inge-
nio omnibus antecellere Abares existimantur. »

THÉOPHILACTE.

Le Tar-Khan ayant eu connaissance de l'é-
vasion de ses prisonniers, dépêcha aussitôt ses
courriers aux différentes cours afin qu'on leur
refusât protection et asile et qu'on les lui ren-
voyât : mais déjà les Varkhounys avaient traversé la frontière et ils se souciaient peu des
menaces de leurs anciens maîtres ; sachant en
outre qu'il faut saisir l'occasion lorsqu'elle se
présente, ils envoyèrent à la hâte leurs députés
à Constantinople pour offrir leur alliance à l'empereur d'Orient.

Cette première ambassade des Abares s'étant
présentée à Constantinople sous les auspices de
Justin qui commandait alors les Lazes, et avec
lequel ils avaient fait connaissance par l'entre-
mise de Sarodi roi des Alains, fut introduite en
présence de l'empereur Justinien.

Reçus avec tous les honneurs qui leur étaient
dus, ils s'en retournèrent chargés des présents
de l'empereur, qui promit à tous les Abares un
bon salaire et de bonnes terres.

Mais, pour qu'ils méritassent la confiance et

obtinssent l'alliance de l'empire, on les pria de faire connaître les forces dont ils pourraient disposer en cas de besoin.

La frontière de l'empire était assaillie à cette époque par d'innombrables petits essaims de Huns; et le gouvernement avait de la peine à venir à bout de ces brigands. Pour bien comprendre l'histoire de ces événements il faut étudier l'époque où nous entrons.

Après la chute d'Attila, les Huns ne furent pas écrasés d'un seul coup; ils se retirèrent peu à peu dans leurs anciens cantonnements derrière le Palus-Méotide qu'on appelait *Rempart des Huns* (Hunni-Var.) C'est de là que partaient leurs excursions. Ils faisaient ces expéditions quelquefois pour le compte des Romains contre les Persés, souvent contre les Romains à l'instigation des Perses, mais toujours dans leur propre intérêt : ils servaient ceux qui les payaient le mieux.

« Le mont Taurus en Cilicie, dit Procope, se dirige d'abord vers la Cappadoce et de là vers

l'Arménie, la Persarménie, l'Albanie et l'Ibérie ;
les peuples qui demeurent aux environs sont en
partie libres, en .partie soumis aux Perses.
Cette montagne s'élève toujours de plus en plus,
et l'on ne saurait croire combien elle augmente
en largeur et en hauteur à mesure qu'elle se
prolonge. Au delà des frontières de l'Ibérie il
y a un chemin étroit qui, traversant les vallées
les plus élevées dans une longueur de cinquante
stades, est tellement entouré des rochers escar-
pés et impraticables qu'on n'y aperçoit presque
aucune issue : la nature y a placé une porte
qu'on dirait faite par la main des hommes et à
laquelle on donnait jadis le nom de *Caspienne*.

« Au delà s'étend une campagne unie, bien
arrosée et commode à parcourir à cheval. Tout
le pays est très-propre à l'élevage des chevaux
parce qu'il renferme de vastes plaines. C'est là
qu'habitaient presque tous les peuples auxquels
on donne le nom de *Huns*, et leur demeure s'é-
tend jusqu'au Palus-Méotide. Lorsqu'ils sortent
par la porte dont on a parlé plus haut, pour

surprendre les Persans ou des Romains, ils montent des chevaux frais et ne font pas le moindre détour, puisqu'il n'y a que ce chemin de cinquante stades pour arriver aux frontières d'Ibérie.

« Lorsqu'ils veulent prendre une autre route ils rencontrent de grands obstacles; ils sont obligés de laisser leurs chevaux en arrière et ne peuvent que se glisser entre les sinuosités des montagnes et des gorges escarpées.

« Alexandre, fils de Philippe, instruit de cette circonstance, ferma cette entrée par des portes et y fit bâtir un fort qui, après avoir eu plusieurs maîtres, passa enfin sous la domination d'un certain Ambazoukès, Hun de naissance, qui était ami des Romains ainsi que de l'empereur Anastaze. Arrivé à un âge très-avancé et se voyant près du tombeau, il envoya un ambassadeur à Anastaze pour lui demander de l'argent, en lui promettant de remettre le fort et la porte Caspienne aux Romains. Anastaze, homme judicieux qui ne faisait rien sans réflexion,

ayant vu qu'on ne pouvait y faire passer des
vivres pour des soldats parce que le pays d'alen-
tour était stérile et n'était habité par aucune
peuplade soumise aux Romains, fit remercier
Ambazoukès de sa bienveillance mais ne poussa
pas l'affaire plus loin. Bientôt après Ambazoukès
mourut de maladie; et ses enfants ayant été
chassés de force de cette place, les portes furent
occupées par Kabades roi des Perses. »

« Chez eux, dit Pline dans son histoire naturelle, en parlant des peuples d'Ibérie, Didouri
et Sodii sont les portes Caucasiennes que quelques-uns ont à tort appelées *Caspiennes*. C'est
un ouvrage énorme de la nature entre les gorges
escarpées de la montagne, où l'on trouve des
portes fermées avec des poutres garnies de fers
au-dessous desquelles le Diri-Odoris roule ses
eaux : en deçà, il y a sur un rocher un château
appelé *Cumania* et qui est assez bien fortifié
pour fermer le passage à des troupes innombrables. »

L'ambassade des Abares ou Varkhounys,

en partant de Constantinople, avait emporté
avec elle la belle promesse de la cour impériale, mais à laquelle était attachée cette condition : Que les Abares, avant de participer aux
faveurs de l'alliance, devaient purger la frontière de l'empire de tous ces oiseaux de proie
qui y fourmillaient et vivaient aux dépens des
sujets de Sa Majesté.

Les Abares ou Varkhounys se jettent alors
dans la mêlée, ils n'épargnent ni ami ni ennemi;
font un affreux carnage parmi les tribus hunniques et il s'en fallut de peu que toute la race
ne fût exterminée.

L'engagement terminé, une seconde ambassade arriva à Constantinople.

Depuis longtemps déjà le bruit courait dans
la capitale que ces futurs alliés n'étaient que
des fuyards qui venaient de se sauver de leur
prison; on voulait même aller plus loin, en cou-
pant leur longue chevelure qu'ils portaient à la
manière des Chinois. Mais tout cela n'effrayait
pas les Abares, qui exigèrent avec hauteur

l'accomplissement de la promesse impériale.

« Jeunes gens, leur répondit l'empereur, si je ne respectais pas votre qualité d'ambassadeurs, je devrais vous punir pour votre insolence et vous renvoyer chargés de fers à vos maîtres de chez qui vous vous êtes échappés; maintenant, sortez d'ici et ne reparaissez plus devant mes yeux. »

Ces paroles hautaines tombèrent comme un coup de foudre sur les Abares; pour comble de disgrâce, à la sortie du palais impérial ils furent arrêtés, contre le droit des gens, mis en prison et dépouillés de tout ce qu'ils possédaient.

L'impatience et la peur s'emparèrent des Abares et, craignant d'être poursuivis par les Turcs ou d'avoir le chemin coupé devant eux par les Romains, à la hâte ils se lancent sur leurs chevaux et un cri général *Au Danube* retentit du pied du Caucase au Palus-Méotide parmi les tribus hunniques; une partie des Abares se jeta dans le Caucase où elle se trouve encore aujourd'hui; l'autre vint au pas accéléré demander compte à l'empereur d'Orient de l'incarcération des ambassadeurs.

Ce sont eux qui vont fonder sur les débris de l'empire hunnique le puissant empire des Abares et rendre tributaires les empereurs d'Orient et d'Occident. Je ne veux pas les suivre dans leurs courses victorieuses : nous allons retourner au pied du mont Altaï, car nous sommes à la veille de grands événements.

Les Turcs étant devenus maîtres absolus de tout l'empire des Abares, plusieurs d'entre eux avaient abandonné les forges, la fabrication des armes et ils commençaient à trafiquer avec les Chinois dans les articles de soieries.

Pour mieux réussir dans cette nouvelle entreprise, pour donner une plus grande extension à leur commerce, ils voulaient ouvrir des comptoirs chez les peuples voisins afin d'écouler plus facilement leurs marchandises; dans ce but ils envoyèrent quelques commerçants notables préparer un traité avec le roi de Perse.

Malheureusement, le secrétaire particulier de

la reine des Perses était un homme de naissance hunnique qui, par cette liaison, avait beaucoup d'influence sur le roi ; et comme il était ennemi acharné des Turcs, non-seulement il n'accepta aucune transaction avec ceux-ci, mais il fit encore acheter toutes leurs soieries et les brûla séance tenante devant les commerçants turcs ; prétendant par là leur signifier que les Perses ne voulaient pas entrer dans aucune relation d'affaires avec des barbares.

Les Turcs avaient plusieurs fois essayé d'exécuter leur projet : mais ils rencontrèrent toujours le même entêtement de la part des Perses; plus tard les commerçants et la soierie disparurent tout à fait. Et lorsque les Turcs demandaient des nouvelles de leurs envoyés, les Perses répondaient ironiquement : Que les Turcs, étant habitués aux grands froids, mouraient subitement sous le climat chaud de la Perse.

Le Grand-Khan des Turcs se sentit blessé de cette moquerie des Perses; il connaissait bien ses ennemis, mais il ne se croyait pas être

assez fort pour se mesurer avec les Huns
Hephtalites, ses anciens frères. A cet effet, il
envoya ses ministres à Constantinople au prin-
temps de l'an 568 de J.-C.

A la tête de l'ambassade se trouvait un
homme nommé Maniak, simple particulier,
maître de forges, illettré, mais qui par ses manières franches et ouvertes, se fit bien recevoir
de l'empereur. Il nous a laissé de précieux
renseignements : c'est par lui que nous savons
que l'empire turc était divisé en quatre zones,
chacune étant gouvernée par un khan, dont le
principal fut Dizaboul-Khan ; nous savons également par lui que les pseudo-Abares ou les
fugitifs Varkhounys étaient deux cent mille, et
qu'ils furent suivis de bien près par leurs parents laissés en arrière, tels que les *Haramiak*,
(ou brigands); les *Kosza-gyerek-ek* (enfants
vagabonds, et les *Zabember-ek* (hommes de
paille), qui étaient en tout dix mille (1).

---

(1) « Sunt quidam qui nostra colunt, qui autem a nobis de-
fecerunt arbitror esse XX myriadas. »

La réception terminée, l'empereur fit de riches présents à Maniak et à ses compagnons de voyages; afin d'assurer le Kha-Khan de la faveur impériale, il décida qu'une ambassade partirait de Constantinople pour reconduire ces nobles étrangers et en même temps il fit alliance avec Dizaboul.

Zémark fut choisi pour cette mission solennelle. En arrivant à Ektagh, où se trouvait à cette époque le camp de Dizaboul, il fut introduit sous la tente du Kha-Khan, qu'il trouva assis dans une chaise à roues, à laquelle on pouvait à la rigueur atteler un cheval.

Dizaboul reçut la légation romaine avec la franchise amicale qui caractérise encore aujourd'hui la nation turque; et, après le discours d'usage, il les invita à dîner chez lui.

« Per idem tempus et *Tarniak* et *Cotzagery* (hi populi etiam ex Var et Chunni gentibus erant) a Turcis profugi Europam immigrant et Abaribus Chagano subjectis se admiscent. Traditum est etiam *Zabender* ex Var et Chunny propagatos. Qui ad Abaros accesserunt eos ad decem millia fuisse plane compertum est. »   THÉOPHILACTE.

Les Turcs étant à la veille de faire la guerre contre les Perses et leurs alliés les Huns Hephtalites ou Nép-falo-k, Dizaboul avait invité les Romains à accompagner son armée dans cette expédition.

A moitié chemin ceux-ci se rencontrèrent avec les délégués perses; car Dizaboul avait invité les deux légations pour passer la soirée avec lui.

Après cette entrevue, l'ambassade romaine fut congédiée et Dizaboul continua son chemin vers la Perse. Cette entreprise fut couronnée de succès. Les Huns furent atteints dans la Boukharie, près d'un endroit appelé Naksab et totalement écrasés; le roi des Huns, qui personnellement conduisait son armée, fut tué dans cette bataille : ainsi cette dernière forteresse, l'unique refuge des races hunniques, étant envahie, les tribus vaincues devinrent des sujets turcs. 571 après J.-C.

Après cette défaite des Huns, la paix fut signée avec les Perses et bientôt scellée par un mariage du roi des Perses avec une des filles de Dizaboul-Khan.

Dizaboul s'empressa lui-même d'annoncer cette grande victoire par sa lettre adressée à la cour de Constantinople. « Æstate hujus anni appetente Chaganus in Oriente à Turcis cele- bratus legatos ad Mauritium imperatorem mittit cum epistola, in qua de triumphis suis gloria- tur. Inscriptio ad verbum talis erat : « Impera- « tori Romanorum Chaganus magnus despota « septem gentium et Dominus, 7 mundi clima- tum. » THÉOPHILACTE.

Mais, la paix ne pouvait durer longtemps en- tre deux peuples de différent caractère et qui se détestaient mutuellement. Le roi des Perses, convaincu qu'avec un peuple à demi barbare comme les Turcs qui, à peine sortis de l'escla- vage, étaient tout fiers de leurs conquêtes, il faudrait encore guerroyer, fit en secret ses préparatifs.

Il prévoyait juste! Un beau matin les Perses s'aperçurent que les Turcs, sans aucune dé-

10

claration de guerre, se trouvaient déjà à la frontière avec une armée formidable.

Cette fameuse expédition fut terminée par la défaite entière des Turcs. Le Grand-Khan perdit jusqu'à ses tentes et chevaux, et son armée fut complétement dispersée. 590 de J.-C.

Les peuples opprimés qui attendaient avec impatience l'heure de la délivrance, aussitôt que la défaite de leurs maîtres fut répandue, profitèrent de l'occasion pour se soustraire au joug des Turcs. Tels étaient les Abares, leurs parents ou alliés, les Magyars, les Ouygours ou Hunugurs, les Patzinatzites ou Petchenègues, ou Bessenyey.

Nous allons maintenant suivre ces nomades dans leurs nouveaux cantonnements, afin de connaître le dernier acte du grand drame; quoiqu'ils portent de différents noms, ils appartiennent tous à la même souche.

IV

(590 - 895)

Les Koszak, Khazars ou Kozares. — Les Magyars
(Uzy atque Mazzari).
Les Hunuguri ou Sabarto Esphalo (*vagabonds* et *escrocs*).
Les Pétchénègues ou Patzinatzites, Bessenyey
ou Coumans.

Les Khazars, ou, suivant les historiens chinois, Turcs-Kosza (Turcs vagabonds), se sont établis en Crimée l'an 625 de J.-C.

A peine ont-ils regagné leur indépendance que déjà Héraclius, empereur d'Orient, rechercha leur amitié pour s'en faire des alliés contre Chozroës, roi de Perse.

A partir de ce moment, ils furent pendant la paix les amis, pendant la guerre les auxiliaires et les alliés des empereurs romains; l'un d'eux, l'empereur Théophile, l'an 799, fit bâtir pour son ami le prince des Khazars un château royal à l'endroit nommé *Sarhel* (ou pays marécageux), qu'on a appelé *Maison blanche*.

Vers l'est des Khazars, sur les côtes occidentales de la mer Caspienne, habitaient les Uzes ou Magyares. Comme leur nom en est la preuve, — dans la langue chinoise en effet *Ma* signifie cheval, *dzsari*, dit vaincre ou mourir, — ils étaient des combattants à cheval à qui incombait le noble rôle d'attaquer l'ennemi les premiers, ou en cas de retraite de couvrir les fuyards.

Comme amis et alliés des Khazars, ils quittèrent ensemble le Turkestan. Une partie du peuple magyar s'avança jusqu'en Europe; l'autre se retira à l'orient de la mer Caspienne, dans le Maurennahar : et comme ils étaient des sujets turcs on les appelle encore aujourd'hui *Turcomans*, ou Turcs de la Cuma. Ce sont eux que les historiens du Bas-Empire appellent Gozzes (gyözök ou vainqueurs); ils ne sont autres que les descendants des Parthes.

Leurs avant-postes campaient près de la rivière de Couma, aux environs de Georgiewsk, et à l'endroit où on admire encore aujourd'hui les magnifiques ruines du Petit et du Grand-Magyari; plus loin, en allant vers Derbend, celles de Tsàkh-Vár sont aussi visibles.

Les historiens nationaux mêmes ont confondu jusqu'ici les Hongrois avec les Magyars; cependant, comme nous pouvons nous en convaincre par les documents se rapportant à cet endroit, il faut plutôt les considérer comme deux peuples entièrement distincts l'un de l'autre.

Le premier auteur qui s'occupe des ruines de Magyari est le colonel Gerbar, dans son ouvrage : « Notice sur les peuples qui se trouvent entre la mer Caspienne, Asztrakhan et la Kour. » En parlant du pays des Tcherkess, il dit : « La troisième rivière est la Kouma, qui coule d'abord entre les montagnes et ensuite à leur pied; et qui, après avoir reçu les eaux de plusieurs autres rivières, qui la rendent assez considérable, traverse les plaines et se dirige vers

10.

la mer Caspienne : cependant elle n'y arrive pas, puisque, à une ou deux journées de distance, elle disparaît graduellement en formant des marais couverts de roseaux et se perd dans les sables.

« A l'endroit où elle reçoit la Birouma on voit de belles campagnes, des forêts, des ruines de villages. On y remarque surtout les ruines d'une grande ville avec des maisons magnifiques. Ces décombres donnent lieu de penser qu'il y avait en cet endroit une ville considérable. On l'appelle maintenant *Madjar*, nom que les Hongrois se donnent à eux-mêmes, par lequel les Polonais et les Turcs les désignent. Il est à présumer que les fondateurs du royaume de Hongrie en tirent leur origine. »

Après lui, Rizzi Zanoni, sur sa belle carte géographique de 1774, place les ruines de Madjari sur la rivière de la Kouma.

Les historiens asiatiques nous en fournissent la preuve. Dans « l'histoire de Derband Namé, dit Ghéray-Khan, Petit et Grand-Madjari étaient

au commencement du deuxième siècle de l'hégire des villes considérables car elles avaient
chacune un gouverneur. »

Abul-Ghazy-Baghatour-Khan cite aussi Madjari comme une ville importante; en parlant
du règne de Mangou-Timour-Khan, il dit :
« Il donna le domaine appelé Ak-Ordah à Baghatour-Khan, fils de Chéiban-Khan; et les
villes de Kaffa, Krym et Madjari à Oran-Ti-
mou, fils de Toukaï-Timour-Khan. »

Aboulféda s'exprime de la manière suivante :
« Coumadjar ou Madjar de la Couma. Madi-
garia est la capitale du pays des Madigars au
nord du septième climat. Les Madigars sont un
peuple de race turque; quelques auteurs disent
que leur pays est situé entre les Petchenègues
et les Sékek (Koszak), dans les provinces boul-
gares. Les Madjars adorent le feu, du reste
ils habitent des pavillons et des tentes, et re-
cherchent les lieux arrosés d'eaux et couverts
de pâturages. Ce pays a 100 parasanges de
long sur autant de large; il touche par une

de ses extrémités à l'empire romain, qui le borne du côté du désert. »

Un autre historien arabe, Edrisi, nous en donne la description suivante : « Les Gozzes, appelés par les écrivains du Bas-Empire Uzes, étaient un peuple de la race turque, qui occupa longtemps les côtes orientales de la mer Caspienne, les bords du lac Aral et le pays actuel des Kirghiz. C'est à cette nation qu'appartenaient les princes seldjoukides qui, dans le deuxième siècle de l'hégire, subjuguèrent la Perse, la Mésopotamie et la Syrie. Les troupes du grand Saladin et de son oncle Schyrkou étaient Gozzes. »

Vers l'ouest du pays des Khazars, entre les rivières Don et Dnieper, habitaient les Ouïgours, que les Latins appelèrent Hunugures ou Hunugari, et les historiens grecs Ounougoures ou Ounnouboundougoures (c'est-à-dire Hunno-Vendo-Bulgares) (1).

_____

(1) « Turcarum gens olim prope Chazariam habitabat in loco cui cognomen Lebedias a primo ipsorum Boëbodo ; qui

Comme nous l'avons vu plus haut, ils ont été chassés par les puissants Abares ; en 550, date de Jornandès, nous les trouvons au bord des sources du Jaïck, où ils s'occupent de mégisserie : « *Quia ab ipsis pellium murinarum venit commercium.* » JORNANDÈS.

Il y avait trois ans seulement qu'ils avaient quitté leurs anciennes demeures pour s'établir ici entre les deux rivières ; ils nommaient leur pays *Terre de Lebedias*, du nom de leur premier vaïvode qui s'appelait ainsi.

Anciennement ils étaient sujets turcs et, naturellement, on leur a donné ce nom ; mais à cette époque « on ignore » pourquoi on ne les a plus nommés Turcs, mais bien *Csavargo-és-Csalo*, c'est-à-dire Vagabonds et Escrocs.

Ils sont sujets ou alliés des Khazars et, pour récompense de leurs bons services, le prince des

nomine quidem Lebedias appellabatur, dignitate vero quemadmodum reliqui ejus successores boëbodus, vocabatur..... Et quidem tum non Turcæ sed Sabarto Esphalo, quadam de causa dicebantur. »   CONST. PORPHYROGÉNÈTE.

Khazars donna sa fille en mariage au vaïvode Lebedias.

Entre les fleuves Wolga et Jaïck, au nord de la mer Caspienne, séparant les Madgyars et les Hunugurs, habitait une race hunnique pur sang, que les historiens appellent Badjenaks, Patzinatzites, Petchenègues (Bessenyey des Hongrois) ou Scythes hamaxobites (1).

Afin que ces trois peuples confédérés et alliés, notamment les Hongrois, les Khazars et les Magyars, pussent s'unir, et en cas de besoin s'assister mutuellement, les Magyars conspirèrent avec les Khazars pour chasser les Patzinatzites de leur pays afin que les Magyars l'occupassent après; et ils s'y tenaient encore à l'époque de Constantin Porphyrogénète.

(1) « Sciendum est Patzinatzitas a principio ad Etel et Geeck flumina habitasse, iisque conterminos fuisse populos illos qui Mazari atque Uzy cognominantur. Ante annos vero quinquaginta ii qui Uzy nuncupantur, cum Chazaris conspirantes et conjunctis armis Patzinatzitas agressi, superiores facti sedibus eos suis expulerunt illasque tenuere in hodiernum usque diem Uzy. » CONST. PORPHYROGÉNÈTE.

Les Bessenyeys ne quittèrent pas tous le pays. Beaucoup d'entre eux restèrent paisiblement avec les Magyars sans être inquiétés par les vainqueurs; cependant, ils se rappelaient leurs frères expulsés, et pour garder leur souvenir ils portaient des habits courts, tombant jusqu'au genou, avec les manches coupées.

Ceux qui émigrèrent se réfugièrent parmi les Hongrois établis dans la *Terre de Lebedias*. Ces trois tribus, appelées aussi *Cancar*, furent : *Jabdiertim*, *Cuartzi-tzur* et *Chabuxingilla* (1).

Cependant ils ne purent pas rester longtemps en paix; les *Cancars* se révoltèrent bientôt contre les Hongrois et ces derniers vaincus furent chassés à leur tour de Lebedias. Les Hongrois se divisèrent alors en deux bandes : la première se retira du côté de l'orient, vers le

(1) « Porro Cancar quoque appellantur Patzinatzitæ non omnes quidem sed trium tantum thematum incolæ; thematis Jabdierti, Cuarzitzur et Chabuxingylla tamquam qui cæteris fortiores nobilioresque sunt : nam hoc, vox ipsa *Cancar* significat. » Const. Porphyrogénète.

Derbend et la Géorgie, où elle se conserva pendant quelque temps sous le nom de *Csavargo-és-Csalo* (Sabarto Esphalo); la seconde bande, sous la conduite de son chef Lébédias, émigra dans les pays situés plus à l'occident et dans un lieu appelé Etel-Köz (Atel-Couchou) (1).

Peu de temps après leur arrivée dans le pays, le Kha-Khan des Khazars invita le chef des Hongrois à aller le voir dans sa ville de Khélandia, en Crimée. « Tu m'appelles? me voilà! Je suis arrivé. J'attends tes ordres! » C'est ainsi que Lébédias se présentait devant son chef khazar. « Eh bien, lui répondit celui-ci, sachant que tu es bien aimé de mes fidèles amis les Hongrois, je te propose de te nommer gé-

---

(1) « Bello autem inter Turcas (Sabarto-Esphalo) et Patzinatzitas tum Cancar cognominatos exorto Turcarum exercitus devictus fuit, atque in partes duas divisus ex earum una quidem Orientem versus partem Persidis incoluit (et hi etiam in hodiernum diem de veteri Turcarum cognomine « Sabarto Esphali » nuncupantur; altera vero pars Occidentem versus sedes posuit cum Boëbodo suo ac Duce LEBEDIA in locis Atel-Couchou nuncupatis quæ nunc Patzinatzitarum gens incolit. »   CONST. PORPHYROGÉNÈTE.

néral en chef de toute la nation hongroise ; à la condition cependant que, comme par le passé, tu me promettras obéissance pour l'avenir. »

« — Je remercie ta bienveillance à mon égard, répliqua Lébédias, mais ma vieillesse ne me permet pas d'accepter ce haut emploi. Cependant, comme je voudrais être autant agréable à toi qu'utile à ma nation, je te recommande mon confrère et ami Almos, le second après moi; ou, à défaut de celui-ci, son fils Arpad, jeune homme aimé et estimé de toute la nation. »

Le Kha-Khan des Khazars agréa le jeune prince. Il fut proclamé chef des Hongrois, élevé sur un bouclier, suivant la coutume nationale des Khazars.

Les fêtes de l'avénement chez les Hongrois étaient à peine terminées, qu'éclata une violente révolution parmi les Khazars. La conséquence en fut que, la grande tribu des Cabares ayant été vaincue et en partie massacrée, se sauva chez les Hongrois, dans l'*Etelköz* (*Atel-Kouchou*); elle fut bientôt suivie par sept autres tribus : ainsi réunis avec les Hongrois, ils vécurent en commun.

Un peuple remuant, comme les Hongrois, ne pouvait pas rester longtemps inactif; aussi attendait-il avec impatience l'occasion de reprendre les armes.

A cette époque, Léon le Grand, empereur d'Orient, ayant eu quelques démêlés avec les Bolgares, ses voisins, prit les Hongrois comme auxiliaires contre Siméon, le puissant prince des Bolgares. Les Hongrois coururent aux armes au premier appel de l'empereur, passèrent le Danube, entrèrent en Bulgarie, où ils firent de grands ravages.

Le rusé Siméon, en apprenant l'invasion des Hongrois, s'empressa de se réconcilier avec l'empereur; tandis que la transaction se terminait, il dépêcha ses émissaires avec beaucoup d'argent et de grandes promesses pour obtenir l'intervention des Patzinatzites ou Cangars, contre les Hongrois. Les Cangars, donc, sans perdre du temps, se jetèrent sur l'*Etelköz*, et ils massacrèrent sans pitié tout le peuple hongrois qui était resté sans défense dans le pays. Lorsque l'expédition fut terminée, les Hongrois voulurent retourner chez eux, mais n'y trouvèrent que des ruines fumantes et des monceaux de cadavres.

Ils quittèrent alors cette terre, inhospitalière pour eux, et vinrent s'établir dans la Grande Moravie.

Les Magyars ou Uzy (üzök ou Chasseurs), qui étaient déjà en route pour rejoindre leurs compatriotes les Hongrois, ayant appris la catastrophe qui leur était arrivée dans l'Etelköz (Atel-Kouchou), rebroussèrent chemin et, après avoir longtemps erré, traversèrent la Russie, passèrent par Kiew, vinrent habiter dans des montagnes toutes remplies d'aigles, et enfin entrèrent dans la Hongrie, du côté du Nord; ils s'arrêtèrent à l'endroit même où ils ont bâti la ville qu'on appelle *Munkács*.

Et comme la fleur de toute la nation Khazars

se trouvait parmi eux, la contrée nouvellement occupée fut appelée *Magyaria* ou *Hunugaria*, d'où viennent les mots Hungaria, Hongrie et Hongrois.

Voyons maintenant ce qui est advenu de leurs parents, qui se sont détachés d'eux et se sont retirés du côté de l'est de la Perse : ceux qui s'appellent encore *Csavargó-és-Csaló* ou *Sabartó Esphaló*.

Ceux-ci, traversant la Crimée, s'arrêtèrent provisoirement dans la presqu'île formée par le Bosphore et le lac Méotis, appelé par Constantin *Atek:* de cette presqu'île, ils se nommaient Adigek.

Aujourd'hui ce sont les habitants du Petit et du Grand Cabarda qu'on appelle les *Kabars*, qui ne sont autres que les *Kóbors* des Hongrois ou *vagabonds et escrocs* de Constantin. Les fameux *Cserkesses* sont les descendants de ces Kóbors qui, sous le nom de Mamelouks, ont régné en Egypte; leur puissance fut anéantie par Napoléon Ier et plus encore par Mehemed-

Ali, vice-roi d'Egypte. Quoiqu'ils ne s'appe-
lassent plus de leur ancien nom, leur caractère
aventureux restait le même, comme l'a si bien
peint l'immortel Lamartine dans son *Histoire
de la Turquie.*

« Les Circassiens, Scythes ou Tartares d'origine, indépendants de mœurs, héroïques de
bras, aventuriers d'habitude, ambitieux de caractère, sont les Albanais de l'Asie. Indifférents
aux religions et aux dynasties, amoureux seulement de la guerre pour la guerre, ils prennent parti pour la solde et pour la gloire dans
les querelles des grands empires arabes, persans, syriens, égyptiens, turcs, russes, dont
leurs montagnes sont confinées. C'est ainsi que,
dans l'Occident, les montagnards de l'Helvétie
louent leur fidélité ou vendent leur sang aux
monarchies voisines, sans s'informer où est la
justice, mais où est la solde. Les peuples de
cette nature, quoique libres chez eux, sont
d'admirables instruments de tyrannie chez les
autres peuples.

« Mais les Circassiens ont, de plus que les Suisses, le génie aventureux et l'imagination chevaleresque qui font rêver aux simples guerriers des trônes et des empires pour prix de leurs exploits. Avec un sabre et un cheval, les Circassiens qui descendent de leurs montagnes ont devant eux des horizons sans limite de fortune et de puissance. Leurs conquêtes deviennent leur patrie ; ils s'acclimatent partout où ils dominent. Ils sont tous nobles comme le fer qui tue ou qui asservit dans leur main. Doués par la nature, par le climat et par l'éducation, d'une intelligence supérieure, d'une élocution passionnée, d'un orgueil aristocratique, d'une intrépidité qui justifie leur ambition, d'un mépris pour les autres races, qui semblent les opprimer par droit de naissance, d'un corps robuste, d'une taille élevée, d'un visage mâle, d'une férocité qui ne s'amollit que devant les femmes ou les enfants, les Circassiens, sous le nom de Mameluks ou Mamelouks, qu'ils ont conservé jusqu'à nos jours, recrutaient depuis

Saladin l'armée des sultans d'Egypte. Ils étaient les janissaires du Caire, comme les Epirotes étaient ceux de Constantinople. C'est par leur cavalerie, montée sur les chevaux du désert, que *Touran-Schah* avait jeté dans le Nil les croisés de saint Louis, et fait ce roi de France prisonnier des musulmans. Cette victoire donna aux Mameluks l'audace de déposer les successeurs des khalifes et de créer en Egypte un gouvernement étranger. Leur chef électif, appelé *soudan* ou *sultan*, régnait aussi longtemps que le permettait leur caprice.

« Séditieux contre les souverains, oppresseurs contre leurs sujets égyptiens, rebelles et tyrans à la fois, cet empire de soldatesque étrangère se maintenait par un perpétuel recrutement d'aventuriers descendus du Caucase. Par un phénomène qui semblait défendre à la terre d'Egypte de perpétuer la race de ses tyrans, les Mameluks, malgré leurs nombreux harems, ne purent jamais multiplier sous le ciel d'Egypte. Leurs enfants mouraient en naissant. »

Nous savons de plus que huit tribus des Khazars se sont jointes aux Hunugurs, dits *Csavargó-és-Csaló*, pendant qu'ils habitaient Etel-
koz (Atelkouchou). Qu'est devenu le reste de
cette fameuse nation?

Son empire fut détruit vers la fin du dixième
siècle, lorsque Svétozlaw, prince russe, prit
d'assaut leur capitale, *Sárhel;* la ville fut complétement démantelée, de sorte qu'aujourd'hui
on ignore même l'endroit où était *Sárhel.*

Cependant, quoique la puissance des Khazars
ait été anéantie, les membres dispersés de cette
nation existent encore aujourd'hui dans les
Kozaks du Don, d'Azow, d'Orenbourg et d'Oural. Leur vrai nom est *Kószák*, signifiant : *vagabonds* ou *rôdeurs.*

Les Magyars ont aussi laissé en dehors d'eux
plusieurs de leurs compagnons d'armes qui habitent encore aujourd'hui la côte orientale de
la mer Caspienne; ils s'appellent *Turco-Cumans*
ou *Turcomans.* Le courageux et vaillant Aboul-
Khan, connu sous le nom de Abulghazy-

Baghatour-Khan, sultan de Kharizm, appartenait à cette nation. Les Courdes ou Cardaces
d'Ammien Marcellin, qui sont les descendants
directs des Parthes, appartiennent également
au groupe des Magyars.

Il n'y a pas de doute qu'une partie des Patzinatzites ou Petchenègues, avec lesquels ils
ont vécu en peuples amis dans l'Uzia, entre
le Jaïck et le Wolga, ne soit entrée avec
les Magyars dans la Hongrie d'aujourd'hui;
l'autre partie, plus tard, au treizième siècle,
pressée par Dzsingis-Khan, se sauva avec son
vizir Kuthen-Khan à environ une quarantaine
de milles, et s'établit parmi les Hongrois : ce
sont les habitants de la Petite et de la Grande
Coumanie.

La troisième horde enfin, reconnaissant l'autorité de Dzsingis-Khan, fut renvoyée par celui-ci
dans le nord de la mer Caspienne, et là elle
s'est mêlée avec quelques tribus des Koszak de
la mer Noire, et se nomment encore de nos
jours Kérges-Kószák. Les géographes modernes

11:

les désignent par erreur sous le nom de Khir-ghis-Kaïszák,

Le vaillant Aboul-Khan, dans son *Histoire généalogique des Tartars*, raconte de la manière suivante l'origine fabuleuse de ce peuple, où se cache certainement un fond de vérité :

« Oguz-Khan, dit-il, marcha contre Cathay (contre la Chine), et fit la guerre aux peuples qui habitent entre les montagnes et la côte. Leur khan, nommé It-Burak, était trop puissant pour Oguz-Khan, qui fut obligé de se retirer entre deux rivières. Il y rassembla tout son monde, et comme, suivant l'usage du temps, Oguz et les principaux personnages de son armée avaient emmené leurs femmes, un des officiers les plus considérables fut tué dans la bataille et laissa sa femme enceinte. N'ayant pas trouvé un lieu écarté pour accoucher, elle se cacha dans un arbre creux, où elle mit au monde un enfant mâle. Oguz en étant informé, prit l'enfant avec lui comme son fils, et lui donna le nom de Kiptchak. Ce nom, dans l'ancienne langue turque, signifie *arbre pourri;* en effet, les Hongrois appellent un arbre pourri *Ker-gesfa.*

Voici l'explication de la légende relatée par Aboul-Khan. Nous avons vu plus haut que 49 ans avant notre ère, quelques tribus hun-niques chassées par les Chinois émigrèrent de la Scythie sous la conduite de leur tanzsou Tchi-Tchi-Khan, et s'établirent aux sources de l'Irtish. Pendant plusieurs siècles elles séjour-nèrent au pied des montagnes qui s'étendent le long de cette rivière; nous les avons rencon-trées plus tard entre le Jaïck et le Wolga d'où elles furent chassées par les Khazars réunis aux Magyars; nous les trouvons encore à Kiew fai-sant la guerre aux Russes et aux Valaques. « Durant la période qui s'étend de 886 à 898, dit Nestor, les Ougres traversèrent la chaîne des montagnes appelées de nos jours les montagnes des Ougres; ils approchèrent des rives du Dnie-per et campèrent avec leurs tentes non loin de Kiew. Nomades comme les Polowtzi et venus de l'Orient, ils déclarèrent la guerre aux habitants de ces contrées : aux Valaques et aux Slaves qui, après s'être déchirés entre eux, s'étaient mêlés et avaient fait partager le territoire. Les Ougres arrivés plus tard battirent les uns et les autres et habitèrent ensuite la même contrée, ce qui fit donner à une partie du pays le nom de *Pays des Ougres.*

Ainsi, les Kiptchak ou Kérges-Kószák d'Aboulghazy sont les quelques tribus détachées de grande masse des Petchenègues ou Patzinatzites des auteurs *grecs;* quelques tribus sont entrées avec les Magyars et sont connues encore aujourd'hui sous le nom de *Palócz;* l'autre partie forme les habitants de la Petite et de la Grande Coumanie au beau milieu de la Hongrie.

Nous avons vu que les historiens grecs et romains Hérodote, César, Constantin Porphyrogénète, désignent sous le nom de *Kószák, Bólgók, Kóborok, Csavargó-és-Csalók* (errants, rôdeurs, vagabonds, rôdeurs et escrocs) tous les nomades sortis du fond de l'Asie, qui forment cependant le noyau de tous les peuples modernes de l'Europe.

J'aurais été bien aise d'effacer ces noms quelque peu injurieux pour nos ancêtres; mais, plus j'ai étudié leur histoire, plus j'ai été convaincu qu'il ne nous faut regarder ces sobriquets portés par nos aïeux que comme un héritage qui, grâce à ces historiens, est parvenu jusqu'à nos jours.

Nos ancêtres furent donc *errants, rôdeurs, vagabonds, escrocs!* Quoique ce ne soient pas des titres de noblesse tels que ceux que nous possédons aujourd'hui, malgré cela chaque lettre de ces noms vaut bien une perle; c'est un phare qui, à travers des nuits de vingt-cinq siècles, projette sur nous sa clarté; une chaîne immense qui réunit cinquante générations et cent différents peuples; une clef qui nous ouvre l'ancien et le nouveau monde à travers lesquels le sens de ces mots nous a servi de guide pour découvrir nos origines nationales.

Grâce à ces noms, nous pouvons ramener les différentes fractions des peuples nomades à une

seule dénomination. Nous avons vu que nos
aïeux sont sortis de l'Asie; que pendant des
milliers d'années et même à plusieurs siècles
d'intervalle les immigrants portent toujours le
même nom. En prenant maintenant pour point
de départ les Bretons qui figurent dans la série
des migrations comme une des plus vieilles
branches détachées du rameau scythique; et pour
point d'arrêt les Hongrois qui sont les derniers
arrivés en Europe, je dis ceci : toutes les tribus
nomades, dont la migration tombe entre ces
deux périodes, appartiennent évidemment à la
grande famille des *Kószák*, *Kóborok et Csavar-
gók* (errants, vagabonds et brigands).

Il est donc bien évident que les Hongrois et
Magyars sont une branche collatérale des anciens Scythes.

Avant d'en finir avec cette thèse, il est encore
un point important sur lequel je veux donner
mon opinion.

Constantin Porphyrogénète affirme que les
Turcs, notamment ceux qui habitent l'Occident,

envoient leurs mandataires en Orient chez ceux
de leurs compatriotes qui demeurent à la partie
orientale de la Perse, et par eux se renseignent
mutuellement sur leur situation. « Ad Turcas
vero Orientem versus in Persidis partibus habi-
tantes quorum supra mentionem fecimus nego-
tiatores mittunt suos etiam nunc ii qui Occidentem incolunt prædicti Turcæ, invisuntque illos,
et responsa sæpe ab ipsis per hos accipiunt. »

Il est très-probable qu'à l'époque dont parle
Constantin, peu après la séparation, ces visites
mutuelles pouvaient se renouveler; quant à
moi, je n'ai trouvé nul vestige de ce fait dans
les annales; les historiens, nationaux ou étrangers, l'auraient sans doute consigné pour la
postérité si cette quête, faite par les deux
branches ci-après mentionnées, avait eu lieu
réellement.

L'unique et seule visite que nos parents les
Kôszâk et *Csavargôk* nous aient faite l'a été en
1849. Mais peut-on l'appeler une visite frater-
nelle ?

Le roi de Hongrie et l'empereur d'Autriche ayant eu quelques démêlés, ce dernier implora le secours de l'empereur de Russie qui poussa alors contre la Hongrie toute la race de *Sabartó Esphaló*.

Il n'y a pas de forfaits, pas de vandalisme que ces parents dénaturés n'aient commis en Hongrie ; ils n'ont laissé derrière eux que des ruines fumantes ; le meurtre a marqué leurs traces. A coup sûr, leur visite, cette fois-ci, sera inscrite en lettres rouges sur les pages de notre histoire. Le peuple hongrois demande encore aujourd'hui : A quoi servit cette boucherie inutile? Il regarde au loin et voit poindre à l'horizon ces trois noms fatidiques : *Solferino! Sadova!! Sedan!!!* — Le destin confirme les paroles de l'Ecriture : *Quisque uti sementem fecerit ita et metet.*

FIN.

TABLE DES MATIÈRES

SECONDE PARTIE

— 199 —

FIN DE LA TABLE.

Paris. — Typ. de Ch. Meyrucis, 13, rue Cujas. — 6711.

SANDOZ ET FISCHBACHER, ÉDITEURS

33, RUE DE SEINE ET RUE DES SAINTS-PÈRES, 33, PARIS

———◦◦°§°◦◦———

EXTRAIT DU CATALOGUE

———

Annuaire du Club alpin suisse, 1867 à 1869. 2 forts vol. in-12, avec planches chromo-lithog., et deux atlas contenant des cartes et des panoramas.   12 fr.

L'Annuaire du Club alpin suisse contient la Chronique du Club, des mémoires scientifiques sur les Alpes, les descriptions des ascensions les plus remarquables, etc., etc.

BELLY (FÉLIX). — **A travers l'Amérique Centrale.** Le Nicaragua et le canal Interocéanique. 2 beaux vol. in-8.
          15 fr.

Carte de la république de Nicaragua, levée par ordre de S. Exc. le président cap. Martinez, par MAXIMILIEN DE SONNENSTERN; collée sur toile.   6 fr.

BERGMANN. — **Résumé d'Etudes d'ontologie générale et de linguistique générale.** 1 vol. in-12.   4 fr. 50.

—**Poëmes islandais**, texte, traduction et glossaire. Paris, imprimé par autorisation du Roi à l'imprimerie royale. 1838. In-8.   7 fr. 50

(Traduction allemande de l'introduction au Glossaire, par M. le Dr Réclam. Leipzig, 1840).

*

BERGMANN. — Théorie de la quantité prosodique, démontrée sur la langue latine. Strasbourg, 1839. 1 fr. 50
(Traduction allemande du Dr Réclam. Leipzig, 1842).

— De linguarum origine atque natura. Argentor. 1839.
1 fr. 50

— Les Chants de Sôl, poême tiré de l'Edda de Sæmund; texte, traduction et commentaire. Strasbourg, 1858.
5 fr.

— Les Gètes ou la filiation généalogique des Scythes aux Gètes et des Gètes aux Germains et aux Scandinaves. Strasbourg, 1859. 6 fr.

— La Fascination de Gulfi, par Snorri, fils de Sturla; traité de mythologie, etc. Paris et Genève, 1861. 6 fr.

— Dante, sa vie et ses œuvres. Paris, 1866. 2 fr.

— Explication de quelques passages faussement interprétés de la Comédie de Dante. Paris, imprimerie impériale, 1865. 1 fr. 50

— La Vision de Dante au Paradis terrestre. Paris, imprimerie impériale, 1865. 1 fr. 50
(Traduction italienne. Bologne, 1869.) 1 fr. 50

— De l'influence exercée par les Slaves sur les Scandinaves dans l'antiquité. Colmar, 1867. 1 fr. 50

— Origine et signification du nom de Franc. Strasbourg et Colmar, 1866. 1 fr. 50

— Le Sestine di Dante. Bologna, 1868. 1 fr.

— La Priamèle dans les différentes littératures anciennes et modernes. Strasbourg et Colmar, 1868.
2 fr.

BERGMANN. — La vie et les œuvres de Shakespeare (conférence). Strasbourg, 1864.　　　1 fr. 25

— Strasburger Volksgespræche. (Strasbourg, 1873.)　　　5 fr.

— Le Message de Skirnir et les Dits de Grimnir. (SKIRNISFOR, GRIMNISMAL.)　　　4 fr.

— Les prétendues Maîtresses de Dante.　　　3 fr.

—Cours de linguistique fait moyennant l'analyse glossologique des mots de la fable de Lafontaine : Le Rat des villes et le Rat des champs. (En préparation.)

—Curiosités linguistiques, 1er, 2e et 3e articles. Colmar, 1870.　　　1 fr.

BERLEPSCH (H.-A.). — Les Alpes, descriptions et récits, avec 16 illustrations, d'après les dessins de E. RITT-MEYER. 1 magnifique vol. in-8 jésus, br.　　　10 fr.
　　　Relié demi-chag., tr. dor.　　　14 fr.

BOILAT (l'abbé). — Grammaire de la langue woloffe, ouvrage couronné par l'Institut. 1 vol. in-8.　　　20 fr.

CHERBULIEZ (VICTOR). — Un cheval de Phidias, causeries athéniennes. 1 vol. in-12.　　　3 fr.

COQUEREL FILS (ATH.). — Rembrandt et l'individualisme dans l'art, conférences faites à Amsterdam, Rotterdam, Strasbourg, Reims et Paris. 1 vol. in-18. 2 fr. 50

— Des beaux-arts en Italie au point de vue religieux. Lettres écrites à Rome, Naples, Pise, etc. 1 vol. in-12.　　　3 fr. 50

DE CANDOLLE (A.-P.). — Mémoires et souvenirs, écrits

par lui-même et publiés par son fils. 1 fort vol. in-8.

7 fr. 50

DE CANDOLLE (ALPH.). — Histoire des Sciences et des
Savants depuis deux siècles, suivie d'autres études
sur des sujets scientifiques, en particulier sur la sélec-
tion dans l'espèce humaine. 1 vol. in-8.　　10 fr.

DORA D'ISTRIA (Mme la comtesse). — La Suisse allemande
et l'ascension de Mœnch. 4 vol. in-12.　　12 fr.

— Excursions en Roumélie et en Morée. 2 forts vol.
in-12, avec le portrait de l'auteur, dessiné à Venise par
F. SCHIAVONI.　　12 fr.

— Les femmes en Orient. 2 beaux vol in-12, avec portr.
de l'auteur.　　12 fr.

ESCHENAUER. — La Morale universelle, ouvrage couronné par l'Académie française. 1 beau vol. in-8. 7fr.50

FLOTARD (EUGÈNE). — La religion primitive des Indo-
Européens. 1 vol. in-8.　　3 fr.

— Le mouvement coopératif à Lyon et dans le Midi
de la France, nouv. édit. 1 vol. in-12.　　3 fr. 50

FOL (Musée). — Catalogue descriptif : (Antiquités. —
Plastique et Céramique.) 1 beau vol. in-12, rel., contenant de nombr. grav.　　4 fr.

— Etudes d'art et d'archéologie sur l'Antiquité et la
Renaissance. 1 bel album in-fol. avec pl., fig., alber-
typies, etc., etc.　　25 fr.

GIRAUD-TEULON. — Les Origines de la famille, questions sur les antécédents des Sociétés patriarcales.
1 vol. in-12.　　4 fr. 50

HAMMANN (J.-M. HERMANN). — Des arts graphiques destinés à multiplier par l'impression, considérés sous le double point de vue historique et pratique. 1 vol. in-12.   5 fr.

HEER (OSWALD). — Le Monde primitif de la Suisse. Traduit de l'allemand par ISAAC DEMOLE. 1 beau vol. in-8, illustré de 368 fig., de 19 pl. et 1 carte.   18 fr.

HUBER (PIERRE). — Les fourmis indigènes, nouv. édit. 1 vol. in-12.   3 fr. 50

— Nouvelles observations sur les abeilles, seconde édition revue, corrigée et considérablement augmentée. 2 vol. in-8, avec pl.   10 fr.

LICHTENBERGER. — Histoire des Idées religieuses en Allemagne. 3 vol. in-8.   22 fr. 50

MALLET (P.-H.). — Edda ou monuments de la mythologie des peuples du Nord. 1 vol. in-12.   2 fr.

MARGET (EDOUARD). — Australie, un voyage à travers le Bush. 1 magnifique vol. in-8, orné de 19 photographies et imprimé par Fick.   20 fr.

MONNARD (CHARLES). — Chrestomathie des prosateurs français du quatorzième au seizième siècle, avec une grammaire et un lexique de la langue de cette période, une histoire abrégée de la langue française depuis son origine jusqu'au commencement du dix-septième siècle, et des considérations sur l'étude du vieux français. 1 vol. in-8 en 3 parties.   10 fr. 50

Ire Partie. Considérations générales, grammaire et lexique.

IIe Partie. Chrestomathie élémentaire.

IIIe Partie. Chrestomathie supérieure.

MOREAU DE JONNÈS (A.-C.). — **Ethnogénie caucasienne.** Recherches sur la formation et le lieu d'origine des peuples éthiopiens, chaldéens, syriens, hindous, perses, hébreux, grecs, celtes, arabes, etc. 1 vol. in-8.   9 fr.

MURALT (ED. DE). — **Essai de Chronographie byzantine** (1057-1453). 2 vol. in-8.   17 fr.

OTT (A.). — **De la Raison,** recherches sur la nature et l'origine des Idées morales et scientifiques. 1 beau vol. in-8.   7 fr. 50

PICTET (AD.). — **Les origines indo-européennes ou les Aryas primitifs.** Essai de paléontologie linguistique. 2 vol. gr. in-8. (2e édition sous presse.)

— **Du beau dans la nature, l'art et la poésie,** études esthétiques. 1 vol. in-12.   3 fr. 50

— **De l'affinité des langues celtiques avec le sanscrit.** Ouvrage couronné par l'Académie des inscriptions et belles-lettres. 1 vol. in-8. (Epuisé.)

— **Essai sur quelques inscriptions en langue gauloise.** 1 vol. in-8.   2 fr. 50

— **Une course à Chamouni,** fantaisie artistique. 1 vol. in-12, avec figures.   5 fr.

— **Du culte des Cabires chez les anciens Irlandais.** 1 vol. in-8.   2 fr.

RAMBERT (EUGÈNE). — Les Alpes suisses. 4 vol. in-12.
14 fr.

Chaque volume se vend séparément 3 fr. 50

RING (MAXIMILIEN DE). — Essai sur la Rigsmaal-Saga
et sur les trois classes de la Société germanique. 1 vol.
in-12. 3 fr. 50

— Du surnom de Cautopates donné à Mithra sur une
inscription nouvellement découverte à Friedberg. Br.
in-8. 75 c.

— Histoire des Germains, depuis les temps les plus reculés jusqu'à Charlemagne, pour servir d'introduction
à l'histoire de l'empire germanique. 1 vol. in-8. 7 fr. 50

— Mémoire sur les établissements romains du Rhin
et du Danube, principalement dans le sud-ouest de
l'Allemagne. 2 vol. in-8. 15 fr.

ROUGEMONT (FRÉDÉRIC DE). — Le peuple primitif, sa
religion, son histoire et sa civilisation. 3 forts vol.
in-12. 10 fr.

— Les Deux Cités. La philosophie de l'histoire aux différents âges de l'humanité. 2 vol. in-8. 15 fr.

SAUSSURE (H.-B. DE). — Voyages dans les Alpes, pré-
cédés d'un essai sur l'histoire naturelle des environs de
Genève. 4 vol. in-4, avec fig. 100 fr.

— Voyages dans les Alpes, partie pittoresque. 3e édition, augmentée des voyages en Valais, au Mont-Cervin
et autour du Mont-Rose. 1 vol. in-12. 3 fr. 50

SCHLEGEL (F.). — Histoire de la littérature ancienne

et moderne, traduite de l'allemand sur la dernière
édition par WILLIAM DUCKETT. 2 vol. in-8. 12 fr.

SCHOLL (J.-C.). — L'Islam et son fondateur. Etude morale, avec un tableau généalogique de la famille de Ma-
homet. 1 vol. in-8. 8 fr.

STEUR (CH.). — Ethnographie des peuples de l'Europe :

Tome Ier. 15 fr.

Tome II, 1re partie. 7 fr. 50

2e partie. 7 fr. 50

Tome III, 1re partie. 7 fr. 50

TROYON (FRÉDÉRIC). — L'homme fossile, ou résumé des
études sur les plus anciennes traces de l'existence de
l'homme. 1 vol. in-8. 2 fr. 50

— Monuments de l'antiquité dans l'Europe barbare,
suivis d'une statistique des antiquités de la Suisse oc-
cidentale et d'une notice sur les antiquités du canton
de Vaud. 1 fort vol. in-8. 7 fr. 50

WIRTH (MAX). — Histoire de la fondation des Etats
germaniques. Traduit de l'allemand par Mme la ba-
ronne DE CROMBRUGGHE. 2 vol. in-8. 12 fr.

La Revue d'Alsace, paraissant tous les trois mois en
livraisons de 150 pages environ. — Un an. 14 fr.

ARCHIVES DES SCIENCES
PHYSIQUES ET NATURELLES

*Partie scientifique de la Bibliothèque universelle
et Revue suisse*

PARAISSANT A GENÈVE

le 25 de chaque mois, par cahiers de 6 feuilles in-8°.

———

Prix de l'abonnement : Pour la France, l'Italie, la Belgique et l'Allemagne, un an, 25 fr.

On s'abonne à Paris, à la librairie SANDOZ et FISCHBACHER, 33, rue de Seine.

———

LE COURRIER DE VAUGELAS
JOURNAL BI-MENSUEL
Résolvant par correspondance

LES QUESTIONS GRAMMATICALES ET PHILOLOGIQUES
DE LA LANGUE FRANÇAISE

et donnant la biographie des grammaires de cette langue

RÉDACTEUR : EMAN MARTIN

Professeur spécial pour les étrangers, 26, boulevard des Italiens.

———

Prix par an : France, 10 fr.; — Etranger, 14 fr.

———

Sur demande, un numéro spécimen est envoyé franco.

———

Le Courrier de Vaugelas renseigne les étrangers sur tout ce qui, à Paris, est relatif à la langue française : professeurs, — familles pour la conversation, — pensionnats ayant des cours spéciaux pour les jeunes étrangers, — endroits publics où l'on peut entendre bien parler français, — traducteurs et interprètes, etc.

L'INTERMÉDIAIRE

DES CHERCHEURS ET CURIEUX

Correspondance littéraire, *NOTES and QUERIES* français

QUESTIONS ET RÉPONSES

COMMUNICATIONS DIVERSES

A L'USAGE DE TOUS LITTÉRATEURS ET GENS DU MONDE,
ARTISTES, BIBLIOPHILES, ARCHÉOLOGUES, ETC.

—

Un numéro tous les quinze jours.

—

Un an : 12 fr.

Etranger : *Port en sus.*

—

L'Intermédiaire est une conversation ouverte à tous
sur les matières de BELLES-LETTRES, PHILOLOGIE, BEAUX-
ARTS, HISTOIRE, ARCHÉOLOGIE, NUMISMATIQUE, ÉPIGRAPHIE,
BIOGRAPHIE, BIBLIOGRAPHIE, etc. C'est vraiment là un
Journal pour tous, et c'est aussi un journal fait par tous,
car c'est le public qui le rédige, ce sont les chercheurs et
les curieux qui le remplissent de leurs demandes, de leurs
solutions, de leurs trouvailles.

M. ERN. BERSOT écrivait, en 1864, dans le *Journal des
Débats* :

« Il vient de se fonder un recueil peu coûteux qui n'en
est encore qu'à son début, mais qui a déjà donné de lui

une très-bonne idée : *L'Intermédiaire des Chercheurs et Curieux*. Il se compose de questions qui viennent de tous côtés, et de réponses qui viennent de tous côtés également, en sorte qu'il est fait par tout le monde, sous le contrôle d'une direction qui a le goût et l'habitude des recherches d'érudition... La pensée du recueil a été empruntée à une publication anglaise, *Notes and Queries*, qui date de 1849 et a obtenu un grand succès, que nous souhaitons à son imitateur. — Qui donc n'a pas une petite chose qu'il désire savoir? On la lui dira, si c'est possible. Outre ce plaisir, il en aura un autre, celui de tourmenter les autres de ce qui le tourmente, et même un troisième, celui de se voir bien imprimé... ». . . . .

———

L'Intermédiaire compte aujourd'hui parmi ses correspondants un grand nombre de savants et de littérateurs, membres de l'Institut, notabilités de France et de l'étranger, etc., etc., dont la correspondance active atteste la sympathie et l'intérêt.

———

Abonnements : France, 12 fr. — Etranger, 15 fr.
Les six premières années sont en vente aux prix suivants :

1re année, 15 fr.; 2e année, 10 fr.; 3e année, 12 fr.; 4e année, 8 fr.; 5e année, 15 fr.; 6e année, 8 fr.

Un numéro séparé, 60 centimes.

———

Paris. Typ. de Ch. Meyrueis, rue Cujas, 13.

EN VENTE A LA MÊME LIBRAIRIE

BERGMANN. — Résumé d'études d'Ontologie générale et de Linguistique générale. — Nature et origine des êtres. — Unité de l'espèce humaine et pluralité des langues primitives. — Formation de la matière première des mots. — Origine des langues primitives et transformation des langues dérivées. — 3e édition, augmentée. Un fort volume in-12 . . . . 4 fr. 50

Du même auteur :

Les Gètes, ou la Filiation généalogique des Scythes aux Gètes, et des Gètes aux Germains et aux Scandinaves. Strasbourg, 1859. Un volume . . . . 6 fr.

Poemes islandais (Völuspa, Vafthrudnismal, Lokasenna). Paris, 1838. Un volume . . . . 7 fr. 50

Les Chants de Sôl (Solarliod). Strasbourg, 1858. Un vol. in-8. 4 fr.

La Fascination de Gulfi. 2e édit. Strasbourg et Paris, 1871. 6 fr.

Le Message de Skirnir et les Dits de Grimnir (Skirnisför, Grimnismâl). Strasbourg, 1871. Un volume . . . . 4 fr.

Le bel Age du bronze lacustre en Suisse, orné de cinq planches chromolithographiées, de deux planches lithographiées et de cinquante gravures sur bois, par E. Desor et Favre. Un bel album grand in-folio. . . . . 25 fr.

Ethnographie des peuples de l'Europe avant Jésus-Christ, ou Essai sur les nomades de l'Asie, leurs migrations, leur origine, leurs idées religieuses, leurs caractères sociaux, etc.

Tome Ier, grand in-8	15 fr.
Tome II, première partie	7 fr. 50
Tome II, deuxième partie	7 fr. 50
Tome III, première partie	7 fr. 50
Tome III, deuxième partie	7 fr. 50

Cours d'Etudes historiques, par Ch. Cuvier. Quatre volumes in-18 à . . . . 3 fr. 50

(Chaque volume se vend séparément.)

Première série : Esquisse d'une philosophie de l'histoire.

Deuxième série : Esquisses d'histoire générale. — Les Sémites et le monde mahométan.

Troisième série : Esquisses d'histoire générale. — Les Camites traditionnels et les peuples de race noire.

Quatrième série : La race mongolique.

6711. — Paris. Typ. de Ch. Meyrueis, 13, rue Cujas. — 1875.

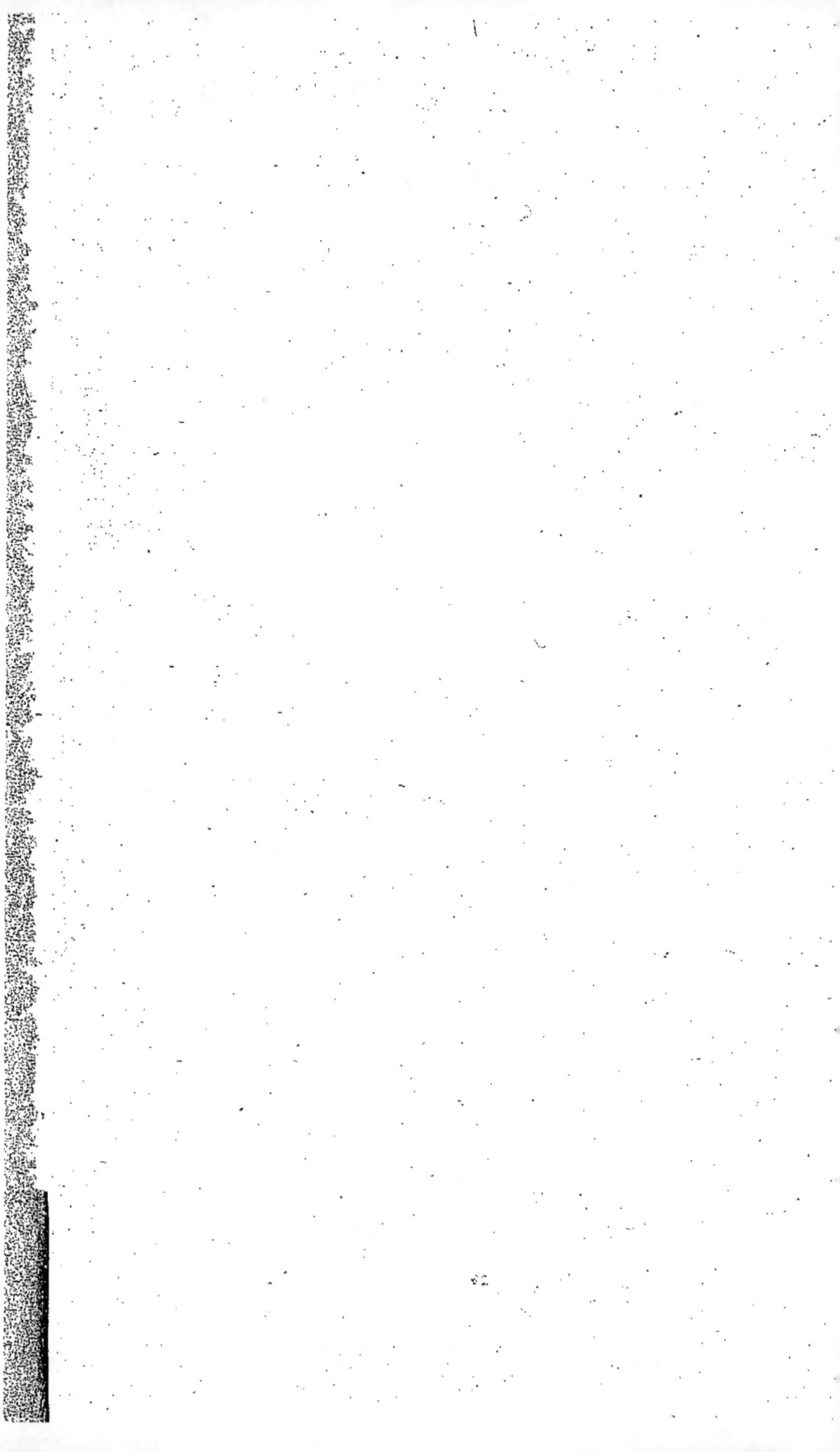

www.ingramcontent.com/pod-product-compliance
Lightning Source LLC
Chambersburg PA
CBHW060026100426
42740CB00010B/1609